확실한 증거

만화로 만나는 복음 이야기
확실한 증거

글·그림 하지혜

씨홀드

최후의 만찬

The Lord's Supper

"또 떡을 가져 감사기도 하시고 떼어
그들에게 주시며 이르시되
이것은 너희를 위하여 주는 내 몸이라
너희가 이를 행하여 나를 기념하라 하시고
저녁 먹은 후에 잔도 그와 같이 하여 이르시되
이 잔은 내 피로 세우는 새 언약이니
곧 너희를 위하여 붓는 것이라"

(누가복음 22장 19~20절)

"우리가 아직 죄인 되었을 때에
그리스도께서 우리를 위하여 죽으심으로
하나님께서 우리에 대한 자기의 사랑을
확증하셨느니라" (로마서 5장 8절)

차례

1부 하나님이 창조주이신 확실한 증거

여는 글 · 왜 만물의 영장인가?　14

1장 창조인가? 진화인가? 확실한 증거
　1. 하나님은 존재하시는가?　30
　2. 하나님이 계신 것을 어떻게 알 수 있는가?　42
　3. 하나님이 계시다는 증거는 무엇인가?　58
　4. 성경은 왜 하나님의 말씀인가?　68
　5. 영원한 베스트셀러 성경　76
　6. 영(靈)적인 책 성경　81
　7. 성경의 놀라운 통일성　88
　8. 성경의 놀라운 보존성　94
　9. 성경의 놀라운 역사성　100
　10. 성경의 예언은 반드시 이루어진다　106
　11. 왜 하나님을 믿어야 하는가?　114

맺는 글 · 죽음 후에 오는 하나님의 심판　124

2부 예수님이 구원자이신 확실한 증거

2장 인생과 종교
    여는 글 · 나는 누구인가? 135
    1. 나그네 인생 138
    2. 고독한 인생 145
    3. 죄 많은 인생 152
    4. 거짓되고 부패한 마음 157
    5. 슬픔과 고통의 삶 166
    6. 삶과 죽음 174
    7. 육체 밖에서 하나님을 보리라 182

3장 왜 예수님이 구원자이신가?
    여는 글 · 역사의 중심이신 예수님 189
    1. 육신으로 오신 하나님 192
    2. 예언대로 오신 예수님 196
    3. 죄인을 찾으러 오신 예수님 204
    4. 세상 죄를 지고 가는 하나님의 어린양 210
    5. 부활하신 예수님 218
    6. 영원한 속죄, 완전한 구원 232
    7. 참사랑이란 무엇인가? 236
    맺는 글 · 귀한 만남 예수 그리스도 243

1부 하나님이 창조주이신 확실한 증거

내가 주께 범죄하지 아니하려 하여
주의 말씀을 내 마음에 두었나이다
찬송을 받으실 주 여호와여
주의 율례들을 내게 가르치소서

내가 주의 법도들을 작은 소리로 읊조리며
주의 길들에 주의하며
주의 율례들을 즐거워하며
주의 말씀을 잊지 아니하리이다

내 눈을 열어서 주의 율법에서
놀라운 것을 보게 하소서

(시편 119편에서)

여는 글

왜 만물의 영장인가?

만약 우연히 목적 없이 태어난 생명이라면 거기에 무슨 의미가 있고

무슨 가치가 있고, 무슨 희망이 있겠습니까?

그것이 바로 현대인의 불안이요, 공허요, 방황이며 좌절인 것입니다.

시편 49편 20절 "존귀하나 깨닫지 못하는 사람은 멸망하는 짐승 같도다"

사람과 짐승은 분명한 차이점이 있습니다.

짐승은 양심이나

난 정말 나빼~!
옆집 강아지
뼈다귀를 몰래
훔쳐 먹다니…

신(神)을 섬기는 종교심이 없습니다.

그리고 영원을 사모하는 영생(永生)의 소망이 없습니다.

혹시 노후나 내세(來歲)를 걱정하는 짐승을 보셨습니까?

혹시 기도하는 원숭이를 보셨습니까?

이것들은 오직 사람만이 지닌 고유한 특징들 중에 하나입니다.

왜 인간이 만물의 영장(靈長)입니까?

그것은 바로 인간의 존엄성을 말하는 것으로

우리는 하나님의 계획과 목적을 위해

하나님의 형상대로 지음 받은 영혼을 지녔기 때문입니다.

히브리서 11장 15~16절
"그들이 나온 바 본향을 생각하였더라면 돌아갈 기회가 있었으려니와 그들이 이제는 더 나은 본향을 사모하니 곧 하늘에 있는 것이라"

사람이란 말은 헬라어로 「안쓰로포스」로

「위를 바라보는 존재」라는 뜻입니다.

짐승은 땅만 보며 살지만

사람은 하늘을 바라보며 영원을 헤아립니다.

"어리석은 자는 그의 마음에 이르기를 하나님이 없다 하는도다"
시편 14편 1절(상반절)

천지만물을 지으시고 모든 피조물들에게 생명과 호흡을 친히 주시는

창조주 하나님을
알지 못한 채 살아간다면
그 사람이야말로
가장 불쌍하고 가련한
영적 고아임이
틀림없습니다.

설사 그 사람이 아무리 많은 지식과 부와 명예를
지닌 사람이라 하더라도

애국가에도 「하나님이 보우하사 우리나라 만세」라는 구절이 있듯이

하나님을 아는 것이 곧 선(善)이요, 모르는 것이 바로 악(惡)입니다.

이사야
51장 13절(상반절)

"하늘을 펴고 땅의 기초를 정하고 너를 지은 자 여호와를 어찌하여 잊어버렸느냐"

이 땅에서 살아가는 우리 모두는 나그네(시119:54, 히11:13~14)와 같은 존재들입니다.

이 죄 많은 나그네의 자리에서 벗어나려면 반드시 하나님을 믿고 그리스도를 영접해야 합니다.

그러기에 한 번뿐인 인생을 어떻게, 무엇을 위해 사는가 하는 문제는 너무도 중요합니다.

1장
창조인가? 진화인가?
확실한 증거

1. 하나님은 존재하시는가?

옛말에도
"하충부지빙(夏蟲不知氷)"과
"고선지부지설(高仙芝不知雪)"
이라는 말이 있습니다.

이 말은 여름 벌레는 겨울을 모르고

겨울이 있는데 무진장 춥대~

이 자식이 누구한테 사기를 쳐!

여름 매미는 겨울에 내리는 눈(雪)을 모른다는 뜻입니다

맴 맴 맴 맴

짐승이나 벌레가 사람의 마음을 헤아릴 수 없듯이 피조물인 인간도 마찬가지입니다.

만약 하나님께서 인생들에게 자신을 직접 드러내 알려 주지 않으셨다면 인간의 불완전한 눈과 좁은 식견으로 어찌 하나님을 알고 믿을 수 있었을까요?

영이신 하나님은 육신을 가진 인간들의 눈에는 보이지 않기 때문입니다.

마치 집안 구석을 기어다니는 작은 벌레가 그 집이 어떻게 지어졌는지, 그 집 주인은 또 어떤 사람이고 무슨 일을 하는지 전혀 알 수 없는 것과도 같습니다.

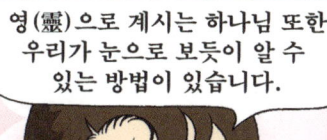

2. 하나님이 계신 것을 어떻게 알 수 있는가?

「원인 없는 결과가 없다」는 것이 인과율(因果律)의 원리입니다.

시계가 있다면 반드시 그 시계를 설계하고 만든 사람이 있는 것이지요.

18세기 철학자 "윌리엄 페일리(William Paley)"는

모든 만물이 너무도 아름답게 어우러져 완벽한 조화를 이루고 있는 것을 볼 때,

분명 이 모두를 설계하고 지으신 지적인 존재자가 계시는 것이 틀림없다고 주장했습니다.

시계의 수많은 부속품들을 꺼내 되는대로 만져서는 도저히 시계가 조립될 수도, 작동할 수도 없다는 것이 그가 주장하는 논증의 핵심입니다.

시계는 약 150개 정도의 부품이 결합되어 만들어지고

자동차는 13만 개에서 15만 개 정도의 부품이 조립되어 생산됩니다.

비행기는 더욱 복잡해서 부품 수만도 300만 개 이상 되고

보잉 747 여객기의 경우에는 무려 600만 개 이상의 부품과 274km의 전선으로 이루어져 있습니다.

혹시 이런 것들이 우연히 저절로 생겨나서 존재한다고 말할 사람이 있을까요?

비록 우리가 만든 사람을 직접 만나 보지 못했다 하더라도

시계, 자동차, 비행기가 「저절로」 만들어졌다고 주장할 사람은 결코 아무도 없을 것입니다.

만약 있다면요?

있다면야 당연히~

정신병자겠죠~

만약 저절로 생겨났다면 그 자체가 곧 무질서이고 혼돈(混沌)의 상태일 것입니다.

그러나 우리가 살고 있는 이 세상은 놀랍도록 정확한 질서와 법칙 속에서

한순간도 쉬지 않고 살아 움직이고 있습니다.

우주에 떠 있는 수많은 별들 가운데 오직 지구만 생명체가 존재할 수 있는 모든 조건을 갖추고 있기 때문입니다.

간단히 우리가 살고 있는 지구만 잠시 살펴보아도 너무도 놀랍고 신비합니다.

지구에 사람이 존재하려면 무려 20만 가지 이상의 완벽한 조건이 갖추어져야 한다고 과학자들은 설명하고 있습니다.

수성, 화성, 목성, 해왕성 등 태양계의 그 어느 곳에서도 생명체가 살 수 없다는 것은 이미 밝혀진 사실입니다.

그럼 토끼가 떡방아를 찧는다고 생각했던 달은 또 어떤가요?

그곳에는 물도 없고 공기도 없죠.

낮에는 섭씨 125℃ 밤에는 영하 160℃로 변하는 곳이지요.

그래서 과학자들은 지구를 가리켜

우주의 오아시스 혹은 생명지대(life zone)라고 칭하는 것입니다.

> "대저 여호와께서 이같이 말씀하시되 하늘을 창조하신 이 그는 하나님이시니 그가 땅을 지으시고 그것을 만드셨으며 그것을 견고하게 하시되 혼돈하게 창조하지 아니하시고 사람이 거주하게 그것을 지으셨으니 나는 여호와라 나 외에 다른 이가 없느니라 하시니라"

이사야 45장 18절

특히 놀라운 사실은 지구가 허공에 떠 있는 상태로 정지되어 있는 것이 아니라 이 순간에도 태양을 중심으로 1억 5,000만㎞의 일정한 거리를 유지하면서 시속 10만 8,000㎞라는 무서운 속도로 태양 주위를 잠시도 쉬지 않고 돌면서 공전하고 있다는 사실입니다. 「365일 5시간 48분 48초」 단 1초도 안 틀리고 돌아갑니다.

더욱이 지구의 자전(自傳) 속도는 적도를 중심해서 시속 1,000마일(1,660㎞)의 속도로 「24시간 4.09초」라는 정확한 시간과 속도를 유지하면서 자전하지요.

만약 지구가 태양과의 정확한 거리를 유지하지 못하고 조금이라도 그 궤도(軌道)를 이탈하게 된다면 우리 모두는 어떻게 될까요? 그럴 경우, 이 땅에 살고 있는 모든 생명체들은 순식간에 타죽거나 얼어 죽게 되겠지요.
하지만 지구는 결코 단 한 번도 그 궤도를 이탈한 적이 없고, 1초도 어기지 않으면서 이 순간에도 태양 주위를 열심히 돌고 있습니다.

이사야 40장 26절

"너희는 눈을 높이 들어 누가 이 모든 것을 창조하였나 보라 주께서는 수효대로 만상을 이끌어 내시고 그들의 모든 이름을 부르시나니 그의 권세가 크고 그의 능력이 강하므로 하나도 빠짐이 없느니라"

이사야 45장 12절
"내가 땅을 만들고 그 위에 사람을 창조하였으며 내가 내 손으로 하늘을 펴고 하늘의 모든 군대에게 명령하였노라"

모두가 저절로 생겨났다고 주장해야 마땅할 것입니다.

혹시 그런 사람이 있다면 그 사람은 자신이 사용하고 있는 컴퓨터도, 휴대폰도, 자동차도, 살고 있는 집까지도

히브리서 3장 4절
"집마다 지은 이가 있으니 만물을 지으신 이는 하나님이시라"

더욱이 지구의 축(軸)은 23.5도 기울어진 상태로 자전하고 공전함으로써 남, 북극의 빙산을 적당히 녹이며 절기를 이룹니다.

그래서 봄이 가면 여름이 오고, 여름이 가면 다시 가을이 오고 겨울이 오지요.

만일 기울여지지 않았다면 이 땅에 사계절은 없었을 것입니다.

더욱 놀라운 사실은 우리가 원형의 지구 위에 살면서도 모두가 머리를 하늘로 향한 채

둥근 지구 위를 마치 평지처럼 걷기도 하고, 뛰기도 하고, 또 거기 누워 편안히 잠도 잔다는 것이지요.

그뿐인가요? 가공할 속도로 회전하며 달리고 있는 지구 위에서

나비는 아무 어려움 없이 하늘하늘 춤을 추듯이 날아다니지요.

땅 위에 있는 풀 한 포기, 모래알 하나도 지구 밖 허공으로 떨어지는 일이 없습니다.

이 놀라운 현상들을 어찌 우연으로 돌릴 수 있겠습니까!

이것은 바로 하나님의 능력으로부터 나오는 지구 중력(重力)의 신비한 힘 덕택이지요.

달 또한 잠시도 쉬지 않고 부지런히 활동합니다.

달은 지구에서 38만km 떨어져 지구 주위를 계속 돌면서 240km의 궤도를 시속 3,600km의 속도로 반원형을 그리며 28일 만에 한 번씩 돌지요.

모두 하나님의 뜻이죠.

달님도 바쁘시군요.

지구 씨는 더 바쁘신 걸요.

달의 그 운동에 따른 인력의 차(差)에 의해 밀물과 썰물이 생겨 바닷물을 정화시키고 신진대사를 촉진시키며 지구의 환경과 기후까지도 적절하게 조절합니다.

만약 달이 없다면 조수간만으로 인해서 살아가는 갯벌의 생물들은 모두가 멸종하게 되고

더욱이 지구의 자전속도가 빨라지고 공전궤도가 태양 쪽으로 가까워지게 됩니다.

저는 지구 씨를 위해 존재하옵니다.

결국은 달도 생명의 별 지구를 위해서 존재하고 활동하는 것이지요.

이 얼마나 놀랍고 경이로운 일입니까!

느헤미야 9장 6절

"오직 주는 여호와시라 하늘과 하늘들의 하늘과 일월 성신과 땅과 땅 위의 만물과 바다와 그 가운데 모든 것을 지으시고 다 보존하시오니 모든 천군이 주께 경배하나이다"

마치 톱니바퀴가 맞물려 돌아가듯이 너무도 정밀하게 설계된 세상을 보면서

우주 만물 중에 극히 작은 일부분만 살펴보아도 이 모두가 결코 우연히 생겨날 수 없다는 명확한 결론에 이르게 됩니다.

비록 우리가 창조주를 직접 눈으로 볼 수는 없지만 반드시 이 모두를 설계하고 지으신

전능자가 계시다는 사실에 분명한 확신을 갖게 되는 것입니다.

요한복음 1장 3절
"만물이 그로 말미암아 지은 바 되었으니 지은 것이 하나도 그가 없이는 된 것이 없느니라"

질서와 정돈 그 자체에는 이미 지적인 설계가 내포되어 있음을 우리 모두는 반드시 기억해야 합니다.

아멘

요한계시록 4장 11절
"우리 주 하나님이여 영광과 존귀와 권능을 받으시는 것이 합당하오니 주께서 만물을 지으신지라 만물이 주의 뜻대로 있었고 또 지으심을 받았나이다 하더라"

위대한 과학자 뉴턴(Sir Isaac Newten, 1624~1727)은 많은 학자들 앞에서 자신이 발견한 만유인력(萬有引力)의 법칙을 설명하면서

이 우주는 지금도 보이지 않는 힘과 법칙에 의해서 존재하고 있는데 그것이 곧 하나님의 능력이요, 하나님의 말씀이라고 설명하고 있습니다.

그는 또 말하기를 「내가 발견한 것은 어린아이가 작은 조개껍질 하나를 주운 것과도 같다. 내 앞에 망망한 바다가 있듯이 나는 하나님에 대해서 모르는 것이 너무 많다」라고 고백하였습니다.

"참으로 아름다운 태양과 행성과 혜성의 체계는 지혜와 힘으로 충만하신 창조주의 계획에서 태어날 수밖에 없다. 하나님이 존재한다는 사실은 사물을 통해서 인정된다." (뉴턴의 저서 「프린키피아」에서)

> **로마서** 1장 20절
> "창세로부터 그의 보이지 아니하는 것들 곧 그의 영원하신 능력과 신성이 그가 만드신 만물에 분명히 보여 알려졌나니 그러므로 그들이 핑계하지 못할지니라"

우리는 주변에 펼쳐져 있는 세상 만물만 잘 살펴보고 관찰해 보아도 하나님이 계시다는 사실을 결코 부인할 수가 없습니다.

이 순간에도 놀라운 질서와 규칙 속에서 살아 움직이는 웅장한 대 우주와

우리를 둘러싸고 있는 기적과 같은 대자연들

아름다운 꽃, 각종 열매 맺는 나무들

나는 새, 흐르는 물

3. 하나님이 계시다는 증거는 무엇인가?

하나님의 존재 사실을 부인할 경우 결국은 세상 모든 것들이 「저절로」 생겨났다는 억지 주장만을 되풀이 할 수밖에 없는 것이지요.

하나님을 부인하는 것은 곧 나 자신을 부인하는 것과도 같습니다.

하나님은 바로 천지만물(天地萬物)을 지으신 창조주이기 때문입니다.

잠언
9장 10절

"여호와를 경외하는 것이 지혜의 근본이요
거룩하신 자를 아는 것이 명철이니라"

'여호와'라는 이름은 히브리인들에게 계시(啓示)된 창조주의 이름입니다.

가나안 사람들은 '엘엘론'이라고 불렀고 우리는 '하나님'이라고 부릅니다.

이사야 42장 8절
"나는 여호와이니 이는 내 이름이라"

태평양에 바닷물을 다 퍼내서 마셔 보아야 바닷물이 짜다는 것을 알 수 있는 것은 아닙니다.

그것은 인간의 능력으로 알 수 있는 것과 알 수 없는 것이 있기 때문입니다.

인간의 능력으로는 도저히 알 수 없는 것들을 자세히 설명해 주시는 분이 계시다면 그분은 과연 어떤 분일까요?

하나님 역시도 몇 가지 증거(證據)만 살펴보아도 하나님이 창조주라는 사실을 어렵지 않게 확인해 볼 수가 있습니다.

이제라도 우리는 말씀을 깊이 상고하면서 한 번쯤 곰곰이 생각해보아야 하겠습니다.

예레미야 9장 24절
"자랑하는 자는 이것으로 자랑할지니 곧 명철하여 나를 아는 것과 나 여호와는 사랑과 정의와 공의를 땅에 행하는 자인 줄 깨닫는 것이라 나는 이 일을 기뻐하노라 여호와의 말씀이니라"

① 과학적 증거 할례의 비밀

성경 창세기 17장에는 하나님께서 아브라함에게 나타나셔서 모든 남자는 생후 8일 만에 할례 (포경수술)를 받으라고 말씀하십니다.

> "너희의 대대로 모든 남자는 … 난 지 팔 일 만에 할례를 받을 것이라"
> (창세기 17장 12절)

그런데 하나님께서는 수많은 날들 가운데 왜 꼭 8일째 되는 날에 할례를 받으라고 하셨을까요? 그 이유는 3,500년이 지난 오늘날에 와서야 비로소 그 비밀이 과학자들에 의해서 밝혀졌습니다. 1935년 코펜하겐 대학의 담(H. Dam)박사는 닭의 출혈을 방지하는데 유효한 성분을 비타민 K (Koaguiation : 응고성)라고 이름 지었습니다. 이 비타민 K는 소화관 내에서 세균에 의해 합성되는데 이것은 간에서 프로트롬빈이 합성될 때 관여한다고 알려져 있습니다. 갓 태어난 아기는 세균에 오염될 기간이 없는 관계로 비타민 K와 프로트롬빈이 부족해 출혈이 생길 경우 위험한 상황이 초래될 수도 있다고 합니다.

얼마 후, 스칸질로(Nathan Scanzillo)는 그의 논문에서 비타민 K와 프로트롬빈의 양이 생후 3일이 되면 정상인의 33%에 이르고, 이후 점차로 증가하여 8일째 되는 날에는 정상인보다도 더 높은 110%까지 올랐다가 그 후 다시 떨어져 100%를 유지하면서 일생을 살게 된다는 사실을 밝혀냈습니다.

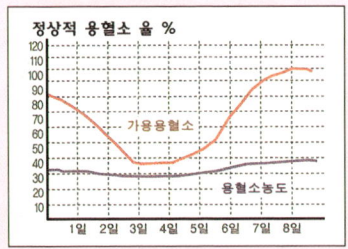

이것을 현대과학은 지금에서야 밝혀냈지만 성경은 이미 3,500년 전에 이 같은 사실을 분명하게 드러내 알려주고 있습니다. 사람이 출생해서 일생을 사는 동안 8일째 되는 날에 체내에서 피를 억제시키는 성분이 가장 강력하게 돌출된다는 사실과 그날이 할례를 받기에 제일 안전한 날이라는 것을 피의 응혈과정에 대해 전혀 의학지식을 갖고 있지 않던 그 시대에 어찌 사람의 지혜로 알 수가 있었겠습니까?

결국 이 같은 사실은 사람을 지으신 창조주가 아니라면 결코 불가능하다는 결론에 이르게 되는 것입니다.

> "…아이 밴 자의 태에서 뼈가 어떻게 자라는지를 네가 알지 못함 같이 만사를 성취하시는 하나님의 일을 네가 알지 못하느니라" (전도서 11장 5절)

과학도 이미 성경이 하나님의 말씀이라는 사실을 분명하게 증거해 주고 있습니다. 우리는 이제 더 이상 하나님을 부인하는 어리석은 자가 될 것이 아니라 지금이라도 겸손한 마음으로 옷깃을 여미고 사랑과 자비가 풍성하신 하나님께로 나아가는 자가 되어야 하겠습니다.

"여호와를 경외하는 것이 지식의 근본이거늘
미련한 자는 지혜와 훈계를 멸시하느니라" (잠언 1장 7절)

② 역사적 증거 유럽을 휩쓴 흑사병

하나님께서는 성경 레위기 13장에서도 이스라엘 백성들에게 위생법칙을 가르치시며 문둥병자는 반드시 격리시키라고 알려 주십니다.

"나병 환자는 … 부정하다 할 것이요 병 있는 날 동안은 늘 부정할 것이라
그가 부정한즉 혼자 살되 진영 밖에서 살지니라" (레위기 13장 45~46절)

사람들은 이 말씀 역시도 왜 그런지 이유를 알지 못하다가 3,000여 년이 지난 후에야 비로소 알게 되었지요. 기록으로 남은 인류 역사상 최악의 재앙(災殃)은 1347년 유럽 크리미아반도에서 이탈리아로 들어온 흑사병(黑死病)으로 수많은 사람을 죽음으로 몰아갔습니다. 다음 인용문은 그 당시의 절박했던 상황을 묘사한 것입니다.

> "이 전염병은 앞에 있는 것은 무엇이든지 휩쓸어 대면서 공포와 혼란을 연쇄 반응적으로 일으켰다. 급하게 파놓은 큰 구덩이 속에 시체들이 아무렇게나 던져졌고 유언자들과 유언 집행자들이 같은 마차에 실려 와서 같은 구덩이에 함께 묻혔다."

원인을 알 수 없는 이 전염병으로 인해 유럽 인구 4분의 1에 해당하는 2,500만 명이 목숨을 잃었습니다. 이 괴병은 아테네 몰락의 계기가 됐다고 역사가 "투키디데스"는 지적하고 있습니다. 전염병도 인류 역사의 한 부분이지요. 유럽을 무차별로 휩쓸고 간 흑사병을 가리켜 역사가들은 "연쇄살인마"라고 기록하고 있습니다.

영국 런던에서만 매주 6,000여 명의 사상자를 내며 이 살인마의 살육은 절정에 이르게 됩니다. 의사들조차도 전혀 손을 쓸 수가 없게 되자 결국 시체를 처분하는 일이 성직자들의 손에 맡겨졌습니다.

그때 고심하던 성직자들은 결국 수천 년 전에 하나님께서 지시하신 전염병 처리방법 "그가 부정한즉 혼자 살되 진영 밖에서 살지니라"는 말씀에 따라 환자들을 격리수용하기 시작했습니다. 그 결과 놀랍게도 전염병은 그쳤고, 그로 인해 수많은 인명을 죽음의 공포에서 구할 수가 있었던 것이지요. 만약 성경에 기록된 이 한 구절의 말씀이 없었더라면 그 시대는 멸망할 수밖에 없었을 것입니다. 이 말씀을 어찌 하나님의 말씀이 아니라고 부인할 수가 있겠습니까?

◀ 프랑스 마르세유 지방에
흑사병이 도는 모습

"하나님은 사람이 아니시니 거짓말을 하지 않으시고 인생이 아니시니 후회가 없으시도다 어찌 그 말씀하신 바를 행하지 않으시며 하신 말씀을 실행하지 않으시랴"(민수기 23장 19절)

③ 기상학적 증거　물의 순환과정

하나님께서는 성경을 통해서 물의 순환과정까지도 자세히 설명해주고 계십니다. 물은 증발(蒸發), 응결(凝結), 강수(降水)의 3단계를 거쳐서 순환하고 대양이나 강으로부터 매일 수백만 톤의 물이 태양열에 의해 하늘로 증발합니다.

"그가 물방울을 가늘게 하시며 빗방울이 증발하여 안개가 되게 하시도다
그것이 구름에서 내려 많은 사람에게 쏟아지느니라"(욥기 36장 27~28절)

태양은 물의 표면을 데워 수증기가 되어 하늘로 오르게 하고 그것이 구름이 되고 비와 눈을 이루어 다시 땅으로 쏟아져서 물이 흘러 식물과 동물과 사람이 살게 되는 것이지요.

"이는 비와 눈이 하늘로부터 내려서 그리로 되돌아가지 아니하고 땅을
적셔서 소출이 나게 하며 싹이 나게 하여 파종하는 자에게는 종자를 주며
먹는 자에게는 양식을 줌과 같이 내 입에서 나가는 말도 이와 같이
헛되이 내게로 되돌아오지 아니하고 나의 기뻐하는 뜻을 이루며
내가 보낸 일에 형통하리라"(이사야 55장 10~11절)

식물 또한 증산작용(蒸散作用)에 의해 끊임없이 수증기를 내뿜고 있습니다. 보통 나무 한 그루가 1년간 증발시키는 수증기의 양은 약 4,000~5,000갤론에 달합니다.

수증기는 공기 중으로 흡수되지만, 일단 대기의 온도가 포화점(飽和點) 이하로 낮아지면 응결하여 구름이 되지요. 이 구름의 수증기 입자가 충돌에 의해 점점 커져서 물방울이 되면 마침내 비가 되어 땅으로 내리는 것입니다.

"구름에 비가 가득하면 땅에 쏟아지며" (전도서 11장 3절, 상반절)

비가 내리면 그 일부는 지하수로 갇히고 일부는 식물에 의해 사용되고 나머지는 호수나 연못, 강, 바다로 흘러가서 순환이 되풀이 됩니다. 바다는 곧 비의 주요 근원이 되는 것이지요.

"바닷물을 불러 지면에 쏟으시는 이니
 그 이름은 여호와시니라"
 (아모스 9장 6절, 하반절)

물의 순환과정은 16~17세기경에 와서야 비로소 밝혀졌습니다.

페라울트(Pierre Perrault)와 마리오테(Edmund Mariotte)의 실험 결과, 물이 순환한다는 증거가 최초로 확인된 것입니다. 천문학자 할레이(Halley)도 '강수와 증발이 평형(平衡)을 유지하고 있다'는 사실을 증명하였습니다. 그러나 과학자들이 물의 순환 개념을 수립하기 2,000년 전에 이미 성경은 순환과정을 너무도 구체적으로 자세하게 설명해주고 있습니다.

"모든 강물은 다 바다로 흐르되 바다를 채우지 못하며
 강물은 어느 곳으로 흐르든지 그리로 연하여 흐르느니라" (전도서 1장 7절)

성경에 기록된 하나님의 말씀은 과학과 정확히 일치할 뿐만 아니라 도리어 현대과학을 수천 년이나 앞서 간다는 사실입니다. 이 얼마나 놀라운 일입니까? 성경이야말로 창조주 하나님의 말씀임을 우리 모두는 믿지 않을 수가 없습니다.

"땅을 물 위에 펴신 이에게 감사하라 그 인자하심이 영원함이로다"
 (시편 136편 6절)

④ 천문학적 증거 허공에 떠 있는 지구

대기권 밖의 우주 공간이 캄캄한 흑암으로 덮혀 있다는 것은 누구나 잘 알고 있는 사실입니다. 그럼, 옛날 사람들은 어떻게 생각을 했을까요?
그 시대 사람들은 하늘이 파랗다고 생각할 수밖에 없었습니다. 인간의 눈으로 하늘을 올려다 보면 당연히 파랗게만 보였으니까요. 그러나 수천 년 전에 기록된 성경은 놀랍게도 하늘이 흑암이라고 알려 주고 있습니다.

"내가 흑암으로 하늘을 입히며" (이사야 50장 3절, 상반절)

옛날에는 천체 망원경도, 그렇다고 우주선이 있었던 것도 아닌데 어떻게 성경을 기록했던 기자(記者)는 하늘이 흑암이라는 사실을 알았을까요? 그 시대 사람의 능력과 지혜로는 가히 상상조차 할 수 없는 일입니다.

더욱이 수세기 전까지만 해도 사람들은 오늘날과 같이 지구가 둥글다고 생각했던 것이 아닙니다. 지구는 커다란 쟁반 같은 모양으로 둘레에는 바닷물이 떨어져 내린다고 생각했지요. 그런 탓에 배를 타고 너무 멀리 나가면 밑으로 떨어져 죽게 된다는 생각을 가지고 있었습니다. 심지어는 지구가 평평하여 코끼리가 떠받치고 있고, 또 그 밑에는 다시 커다란 거북이가 지탱하고 있다고도 생각했습니다. 지금 이 같은 말을 들으면 모두가 웃겠지만 우리도 그 시대에 살았다면 역시 같은 생각을 할 수밖에 없었을 것입니다. 하지만 그런 무지했던 시대에 기록된 성경 말씀은 놀랍게도 지구가 둥글다고 알려 주고 있습니다.

"그는 둥근 땅 위에 앉으시나니 땅에 사는 사람들은 메뚜기 같으니라"
(이사야 40장 22절, 상반절)

과거에는 지구가 무언가에 고정되어 있다는 생각이 지배적이었습니다. 이는 이집트 천문학자 프톨레마이오스(Clandius Ptolemaeus)가 주장한 이론으로 지구는 태양계의 고정된 중심이고 별이나 그 외 혹성들은 지구 주위를 돌고 있다고 생각했지요. 이 같은 생각은 16세기까지도 계속되었습니다. 그러다가 1543년, 폴란드의 천문학자인 코페르니쿠스(Nicolus Copernicus)는 혹성의 운동과 지구의 회전에 관한 새로운 이론을 발표했지요.

코페르니쿠스의 지동설이 적힌 노트

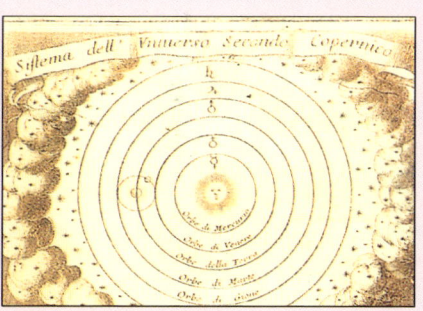

코페르니쿠스가 생각한 우주

코페르니쿠스의 연구결과는 뉴턴(Sir Isaac Newten, 1624~1727)의 연구결과와 함께 혹성 운동에 관한 대부분의 현대적 개념의 기초를 이루고 있습니다. 코페르니쿠스는 지구가 회전함은 물론 둥글다는 견해를 지지하고 지구가 태양 주위를 돌고 있는 것에 관해 자세히 설명했습니다.

그러나 당시는 프톨레마이오스의 견해가 당시 종교지도자들에게 깊이 뿌리 박고 있었기 때문에 코페르니쿠스의 이론은 심한 반대에 부딪혔습니다. 그 후 뉴턴의 만유인력(萬有引力)의 법칙을 발표하면서 지구는 허공에 떠 있으며 태양과 지구 사이에는 보이지 않는 인력이 있어 지구를 붙잡고 있다는 사실을 비로소 알게 되었습니다.

뉴턴

뉴턴이 썼던 프리즘

그러나 성경은 뉴턴의 발견 전 이미 수천 년 전에 지구는 허공에 떠 있다는 사실을 분명하게 알려 주고 있습니다.

"땅을 아무것도 없는 곳에 매다시며" (욥기 26장 7절 하반절)

우리는 수많은 증거들 가운데 간단히 몇 가지 사실만 살펴보아도 이미 성경(聖經, Bible)이 하나님의 계시(啓示)로 기록된 창조주의 말씀이라는 분명한 확신을 갖게 됩니다.

수천 년 전에 천지를 창조하신 하나님이 아니라면 어느 누가 이 같은 말을 할 수가 있겠습니까?

"네가 하나님의 오묘함을 어찌 능히 측량하며 전능자를 어찌 능히 완전히 알겠느냐 하늘보다 높으시니 네가 무엇을 하겠으며 스올보다 깊으시니 네가 어찌 알겠느냐 그의 크심은 땅보다 길고 바다보다 넓으니라" (욥기 11장 7절~9절)

과학자들도 이제는 성경을 가리켜 사실에 가깝다고들 이야기합니다.
이 또한 잘못된 말이지요.

성경은 사실에 가까운 것이 아니라 명확(明確)한 사실(事實)이기 때문입니다.

아   멘

4. 성경은 왜 하나님의 말씀인가?

성경이 시작되는 창세기 1장 1절은 "태초에 하나님이 천지를 창조하시니라"는 엄숙하고도 장엄한 창조의 선포로 시작됩니다.

간단한 한 구절의 말씀이지만 어느 누가 이 같은 말을 감히 할 수 있겠습니까? 창조를 했다면 창조된 그 모든 것을 설명해 줄 수도 있어야 하기 때문입니다.

히브리서 3장 4절 "집마다 지은 이가 있으니 만물을 지으신 이는 하나님이시라"

천지를 지으신 창조주 외에 어느 누가 우리에게 설명해 줄 수가 있겠습니까?

이사야 45장 12절
"내(하나님)가 땅을 만들고 그 위에 사람을 창조하였으며 내가 내 손으로 하늘을 펴고 하늘의 모든 군대에게 명령하였노라"

그러나 분명한 사실은 지금까지 부처도, 공자도, 세상 그 어떤 신도

「내가 천지를 창조했다」라고 주장하거나

창조된 그 모두를 설명해주지 못합니다.

오직 한 분, 성경의 저자이신 하나님만이 계실 뿐이지요.

이사야 45장 18절
"대저 여호와께서 이같이 말씀하시되 하늘을 창조하신 이 그는 하나님이시니 그가 땅을 지으시고 그것을 만드셨으며 그것을 견고하게 하시되 혼돈하게 창조하지 아니하시고 사람이 거주하게 그것을 지으셨으니 나는 여호와라 나 외에 다른 이가 없느니라 하시니라"

하나님께서는 매우 단호하게 "나 외에 다른 이가 없다"고 말씀하고 계십니다.

이 점에 대해서 「아니다」라고 반론을 제기하는 신(神) 또한 세상에 존재하지 않습니다.

왜 그렇습니까?
왜 그 많은 신들이 하나같이 모두 말이 없는 것입니까…?

그것은 곧 천지만물(天地萬物)을 지으신 창조주는

오직 하나님 한 분뿐이시기 때문입니다.

아멘

예레미야 10장 11절

"너희는 이같이 그들에게 이르기를 천지를 짓지 아니한 신들은 땅 위에서, 이 하늘 아래에서 망하리라 하라"

5. 영원한 베스트셀러 성경

성경은 과거에도 현재에도 미래에도

가장 많이 팔리고 읽혀질 부동의 베스트셀러이며 영원한 신간서적입니다.

성경은 이미 전 세계 거의 모든 나라와 민족에게 보급되었고

2017년을 기준으로 세계 7,097개 언어 중 3,324개 언어로 번역되어 전 세계에 전파되었습니다.

이제 전 세계 약 81% 사람들이 자신들의 언어로 된 성경을 가지고 있습니다.

3,324개의 언어는 전체 세계 언어 수에 비해 적은 수이나 전 세계 인구의 81% 이상이 사용하는 언어라는 점에서 볼 때, 성경은 문자로 표기할 수 있는 거의 모든 언어로 출간된 책이라고 할 수 있습니다.

야고보서 5장 7~8절

"보라 농부가 땅에서 나는 귀한 열매를 바라고 길이 참아 이른 비와 늦은 비를 기다리나니 너희도 길이 참고 마음을 굳건하게 하라 주의 강림이 가까우니라"

천국이 하루하루 더 가까이 다가오고 있는 것입니다.

우리는 지금 하나님이 경영하시는 마지막 종착역을 향해 달려가고 있습니다.

성경의 예언대로 그리스도의 복음은 마치 번개 빛과도 같이

지구촌 곳곳에 빠른 속도로 전파되고 있습니다.

온 세상에 전파되기 위해 전 세계의 모든 언어로 성경이 번역된 것입니다.

6. 영(靈)적인 책 성경

성경은 하나님의 계시(啓示)로 기록된 창조주의 말씀입니다.

「계시(revelation)」라는 단어는 「감추인 것을 드러낸다」라는 뜻입니다.

다른 방법으로는 결코 알려질 수 없는 것들을 하나님께서 직접 성경을 통해서 나타내 주신 것입니다.

성경은 절대 망상의 내용이나, 추측, 가정 따위가 아닌 절대적인 진리를 드러내 주고 있습니다.

다른 그 어떤 부분에 의해서도 논박되거나, 타협되거나 상충되지 아니하고 전적으로 일관성을 지닌

절대 무오한 진리를 담고 있는 것이 곧 성경입니다.

위대한 신학자 B.B. 워필드(B.B. Warfield)도 「성경은 하나님의 말씀이며 성경이 말하는 내용은 곧 하나님이 말씀하시는 것과 동일하다」라고 말했습니다.

성경의 모든 말씀은 하나님의 감동으로 기록된 것입니다. (딤후3:16~17)

우리말의 「감동」으로 번역된 단어는 「하나님께서 숨을 불어 넣으시다」라는 뜻을 지니고 있습니다.

그러기에 성경은 일반 책들과 같이 세상 지식이나 육신적인 눈으로만 바라본다면

성경이 정말 하나님의 말씀일까? (자꾸 의심)

말씀을 이해하고 깨닫는 것이 사실상 불가능합니다.

반드시 영적인 눈으로 보아야 합니다. 성경은 곧 영이신 하나님의 말씀이기 때문입니다.

특정 종교의 경전(經典) 정도로 평가하는 경우도 있습니다.

이는 자신이 죽느냐 사느냐 하는 영원한 운명이 걸린 소중한 말씀이 기록되어 있다는 사실을 모르기에 하는 말이지요.

마태복음 22장 29절 "너희가 성경도, 하나님의 능력도 알지 못하는고로 오해하였도다"

성경을 하나님의 말씀으로 믿는 사람들보다

그들의 삶은 잠시 후에 받게 될 하나님의 무서운 심판을 알지 못한 채 마치 공중에서 외줄을 타고 있는 것과도 같습니다.

도리어 믿지 못하는 사람들을 보면 더욱 놀랍습니다.

정신 차리고 4복음서만 자세히 읽어보아도 믿지 않는 사람들이 장차 받게 될

무서운 심판에 대한 경고가 수없이 기록되어 있기 때문입니다.

데살로니가후서 1장 8-9절
"하나님을 모르는 자들과 우리 주 예수의 복음에 복종하지 않는 자들에게 형벌을 내리시리니 이런 자들은 주의 얼굴과 그의 힘의 영광을 떠나 영원한 멸망의 형벌을 받으리로다"

이미 그 사실을 지난 인류역사가 명백하게 증거해 주고 있지요.

기록된 모든 예언의 말씀이 사실 그대로 이루어졌다면 앞으로 다가올 하나님의 심판은 과연 거짓일까요…?

결코 그렇지 않습니다.

일점일획까지도 반드시 이루어진다는 사실을 우리 모두는 상기해야 하겠습니다.

민수기 23장 19절

"하나님은 사람이 아니시니 거짓말을 하지 않으시고 인생이 아니시니 후회가 없으시도다 어찌 그 말씀하신 바를 행하지 않으시며 하신 말씀을 실행하지 않으시랴"

7. 성경의 놀라운 통일성

성경은 한 권의 책인 동시에, 한 권 안에 묶여진 66권의 책이기도 합니다.

서로 다른 역사적, 지리적 환경 속에서 신분과 배경, 사상 또한 서로 다른

각각의 66권의 책들은 1,600년이라는 장구한 세월에 걸쳐서

40여 명의 사람들에 의해 기록된 책임에도 불구하고

완벽한 통일성을 이루고 있습니다.

사람들의 사상은 시대에 따라 큰 변화를 가져옵니다.

그런데 오랜 역사를 거치며 여러 많은 사람들을 통해서 기록된 성경이

이렇듯 완벽한 통일성과 조화를 이루고 있다는 것은 사실상 기적과도 같은 일입니다.

이는 성경이 어떤 사람의 의도나 기획으로 된 것이 아니라는 사실을 잘 나타내 주고 있습니다.

성경은 곧 살아 역사하시는 하나님의 말씀이라는 사실을

이미 성경 그 자체가 강하게 증거해 주고 있는 것입니다.

그러기에 역사와 시대, 민족을 초월해

지금도 변함없이 모든 사람들로부터

사랑을 받으며 끊임없이 읽히고

거룩한 하나님의 말씀이라 불려지고 있는 것입니다.

기독교는 사실에 뿌리를 두고 있는 종교입니다.

따라서 성경 말씀은 어느 것 하나도 거짓이 없지요.

결코 꾸며 만든 상상 속의 이야기가 아닙니다.

왜냐하면 이미 그 모든 사실을

지난 인류 역사가,

현대 과학이,

그리고 수많은 고고학적 유물과 유적들이 분명하게 증명해 주고 있기 때문입니다.

8. 성경의 놀라운 보존성

역사 이래 성경만큼 수많은 핍박과 환란을 겪은 책은 없습니다.

니체의 사신론(四神論), 다윈의 진화론(進化論), 마르크스의 유물론(唯物論) 등은

모두가 성경을 불신하도록 하기 위한 시도 중 하나였지요.

미국의 무신론자 로버트 잉거솔은 「이제 10년 후면 성경을 읽을 사람은 없을 것이다」 라고 주장했고

18세기 프랑스의 유명한 계몽주의 철학자 볼테르(Voltaire) 또한

「성경은 폐기된 책이다」라고 역설했습니다. (1778년)

심지어 「성경은 지상에서 사라져 박물관에서나 볼 수 있을 것이다」라고 하면서 그는 50년 내에 기독교의 말살을 보여 주겠다며 수많은 무신론 책자와 하나님을 반박하는 글을 썼지만

도리어 그가 죽은 지 20년 만에

그의 집은 성경을 보급하는 성서공회가 되어 성경으로 가득 채워졌고

후에 그곳은 외국어 성경을 출판하는 파리의 본부가 되었습니다.

수많은 정치가들, 사상가들, 종교가들이 성경을 없애려고 혈안이 되어

갖가지 방법을 동원해 공격하고 비방했지만 성경은 지금도 변함없이 항상 최고의 자리에서 가장 많은 사람들에게 읽혀지고 사랑받는 세계 제일의 베스트셀러입니다.

> **시편**
> 10편 4절
>
> "악인은 그의 교만한 얼굴로 말하기를 여호와께서 이를 감찰하지 아니하신다 하며 그의 모든 사상에 하나님이 없다 하나이다"

성경은 그야말로 세상의 온갖 풍파를 모두 겪으면서도 오늘날까지 완벽하게 보존되어 내려온 놀랍고도 경이로운 하나님의 말씀입니다.
만약 성경이 하나님의 말씀이 아니라면 결코 이 시대까지 보존될 수도, 전 세계에 전파될 수도 없었겠지요. 하나님의 계획과 섭리가 아니고서는 그 무엇으로도 설명이 되지 않습니다.

서양 문학을 대표하는 셰익스피어 전집의 사본은 150권 정도 보존되어 있지만

성경의 사본은 구약이 1,000부, 신약이 5,000부 정도 보존되어 있습니다.

1947년 한 양치기 소년이 잃어버린 양을 찾던 중

우연히 사해 북쪽 해안의 쿰란 동굴 속에서

에스더서를 제외한 거의 모든 성경 사본을 발견하였습니다.

▲ 쿰란 동굴

소년이 동굴 속으로 돌멩이를 던져 넣자 안에서 항아리 깨지는 소리가 들려왔습니다. 그래서 호기심에 안으로 들어갔는데 항아리 속 가득히 성경사본이 담겨 있었습니다. 반경 1㎞ 이내에 있는 11개의 동굴에서도 무려 600여 편의 사본과 함께 성경 필사실, 수로, 목욕탕, 물 저장소, 주방, 회의장, 탑 등이 발굴되었습니다.

그러나 조사 결과, 오늘날 우리가 읽고 있는 성경과 일점일획까지도 틀리지 않고 정확하게 일치한다는

놀라운 사실이 검증 결과 밝혀졌습니다.

마태복음 5장 18절
"진실로 너희에게 이르노니 천지가 없어지기 전에는 율법의 일점일획도 결코 없어지지 아니하고 다 이루리라"

일점은 히브리 문자 중에서 가장 작은 부분이며, 일획의 의미는 변하는 문자 중에서 가장 작은 부분입니다.

예수님께서도 말씀하셨듯이 하나님의 말씀인 성경은 결코 인간이 바꾸거나 폐할 수 없는 것이며(요10:35)

절대적인 권위를 가지고 있는 것입니다.

마태복음 24장 35절
"천지는 없어질지언정 내 말은 없어지지 아니하리라"

9. 성경의 놀라운 역사성

기록을 통해서 알 수 있는 인류 역사는 대략 4,500년 정도에 불과합니다.

그 이전의 역사에 관해서는 추측만 할 뿐 정확하게 알 수가 없지요.

과거의 역사도 모르는데 다가올 미래의 역사를 알 수 있을까요?

알 수 있을까요? 그건 더 모르지~!

인간은 시간(時間)과 공간(空間)을 벗어날 수 없는 존재이기 때문입니다.

인간의 한계는 이러합니다.

생로병사(生老病死), 즉 태어나 늙고 병들어 죽는 것을 결코 피할 수가 없습니다.

그리고 잠시 후에 일어날 일도 알지 못합니다.

잠언
27장 1절
"너는 내일 일을 자랑하지 말라 하루 동안에 무슨 일이 일어날지 네가 알 수 없음이니라"

그러기에 사람이 보는 역사는 항시 불완전합니다.

신화나 전설을 만들어 이야기 할 수는 있어도

인류 역사의 기원과 미래를 정확하게 말할 수는 없지요.

그것은 이미 인간 능력의 한계를 벗어난 문제이기 때문입니다.

어찌 곰이나 원숭이가 사람이 될 수가 있겠습니까?

이런 것들은 전혀 근거가 없는 억지 주장에 불과할 뿐입니다.

모두가 인간들이 꾸며 만든 상상 속의 이야기로 말 그대로 신화나 거짓된 학설에 불과할 뿐이지요.

시편 14편 1절(상반절) "어리석은 자는 그의 마음에 이르기를 하나님이 없다 하는도다"

모든 역사는 지난 후에야 기록되지만

하나님의 말씀인 성경은 인류 역사의 시작과

그 과정, 그리고 끝이 미리 기록된

놀랍고도 경이로운 책입니다.

전도서 8장 7절 "사람이 장래 일을 알지 못하나니 장래 일을 가르칠 자가 누구이랴"

성경은 25%가 예언서로 이루어져 있고 「하나님이 말씀하시기를」이라는 구절이 무려 3,800번이나 기록되어 있습니다.

성경이 하나님의 말씀이라는 가장 확실한 증거는

바로 성경의 예언과 인류 역사가 정확하게 일치한다는 사실입니다.

성경의 예언과 인류 역사는 마치 나란히 굴러가는 수레바퀴와도 같고,

맞물려서 돌아가는 톱니바퀴와도 같습니다.

성경은 곧 하나님이 보시는 인류 역사이기도 하지요.

이사야 44장 6~7절
"...만군의 여호와가 이같이 말하노라 나는 처음이요 나는 마지막이라 나 외에 다른 신이 없느니라 내가 영원한 백성을 세운 이후로 나처럼 외치며 알리며 나에게 설명할 자가 누구냐 있거든 될 일과 장차 올 일을 그들에게 알릴지어다"

역시 하나님이라는 사실을 우리 모두는 꼭 기억해야 하겠습니다.

이사야 46장 9~10절

"…나는 하나님이라 나 외에 다른 이가 없느니라 나는 하나님이라 나 같은 이가 없느니라 내가 시초부터 종말을 알리며 아직 이루지 아니한 일을 옛적부터 보이고 이르기를 나의 뜻이 설 것이니 내가 나의 모든 기뻐하는 것을 이루리라 하였노라"

10. 성경의 예언은 반드시 이루어진다

우리는 지금 재앙이 난무하는 시대를 살아가고 있습니다.

끝없이 이어지는 수많은 사건, 사고들을 지켜보면서 사람들은 적잖이 불안해합니다.

지진 쓰나미 허리케인 테러

닥쳐올 어두운 미래를 생각하며 모두가 답답해 하고 두려워하지요.

이럴 때 우리는 무엇을 의지해야 합니까? 바로 하나님의 말씀에 귀를 기울여야 합니다.

왜냐하면 이 모든 사건들은 결코 성경의 예언과 무관치 않기 때문입니다.

성경은 장차 일어날 일들을 우리에게 자세히 알려주고 있지요.

여보~! 내일이라도 당장 예수님이 오실 것 같아요.

난 오늘 오실 것 같은데~

이스라엘이 그리스도를 배척한 죄로 멸망해 그들이 전 세계에 흩어져 고난을 겪게 될 것에 대해서도 구약뿐 아니라(신28:57,64~67) 예수님도 자세히 예언해 주셨지요.

이 날들은 기록된 모든 것을 이루는 형벌의 날이니라 (눅21:22)

그 예언은 길게는 1500년, 짧게는 37년 뒤인 A.D 70년에 말씀대로 이루어졌습니다. (눅19:43~44)

그때 이스라엘은 로마군들에 의해서 110만 명이 살육을 당했고

9만 7천 명이 포로로 끌려가 전 세계로 흩어져

나라 없는 민족으로 유리방황하며 가는 곳마다 죽임을 당하면서

1,900년이라는 긴 세월 동안 처참한 수난의 역사를 겪게 됩니다.

더욱 놀라운 사실은 때가 되면 하나님께서 이스라엘을 다시 일으켜

회복시켜 주겠다고 하신 예언이지요. (겔36:19~24)

이스라엘은 이 예언대로 1948년 5월 14일에 드디어 독립을 했습니다.

▲ 독립선언문을 낭독하는 뱅그리온 수상

성경은 또 이스라엘의 독립을 무화과나무에 비유하면서

그리스도의 재림(再臨)의 시기까지도 알려주고 있습니다.

마태복음 24장 32~33절
"무화과나무의 비유를 배우라 그 가지가 연하여지고 잎사귀를 내면 여름이 가까운 줄을 아나니 이와 같이 너희도 이 모든 일을 보거든 인자가 가까이 곧 문 앞에 이른 줄 알라"

이 세상 그 어떤 종교가 인류의 과거사를 이야기하고, 다가올 미래사를 예언하며 그 예언을 다시 예언된 대로 성취시켜 갈 수가 있겠습니까? 이 같은 일은 인간의 능력으로는 절대 불가능합니다. 오직 천지를 지으신 창조주 하나님만이 행하실 수 있는 일이지요.(사46:10)

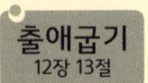

> **출애굽기 12장 12절**
> "내가 그 밤에 애굽 땅에 두루 다니며 사람이나 짐승을 막론하고 애굽 땅에 있는 모든 처음 난 것을 다 치고 애굽의 모든 신을 내가 심판하리라 나는 여호와라"

애굽의 마지막 열 번째 장자 재앙을 내리실 때에는 모세와 아론에게

여보~! 큰애가 죽었어요~

악~!

으악~!

퓟이라~ 큰애가~!

아이고~ 우리 맏아들이 죽다니~!

이 일을 어쩌~ 엉엉~

어린양을 잡아 그 피를 집문 좌우 설주와 인방에 바르게 하신 후 행하셨습니다.

> **출애굽기 12장 13절**
> "내가 애굽 땅을 칠 때에 그 피가 너희가 사는 집에 있어서 너희를 위하여 표적이 될지라 내가 피를 볼 때에 너희를 넘어가리니 재앙이 너희에게 내려 멸하지 아니하리라"

이 사건은 마지막 재앙 때

유월절의 어린양 되신 그리스도의 피를 힘입어

죄 사함을 받고 재앙을 면하게 될 것을

구약의 역사를 통해서 그림자로 보여주신 것입니다.

에베소서 1장 7절
"우리는 그리스도 안에서 그의 은혜의 풍성함을 따라 그의 피로 말미암아 속량 곧 죄 사함을 받았느니라"

이제 구원자가 되시며 하나님의 참 형상이신 그리스도를 영접해 그의 피로 죄 사함을 받고 마지막 재앙을 면할 수 있는 지혜롭고 복된 우리 모두가 되어야 하겠습니다.

이것은 죄 사함을 얻게 하려고 많은 사람을 위하여 흘리는 바 나의 피 곧 언약의 피니라
(마26:28)

요한계시록 1장 3절
"이 예언의 말씀을 읽는 자와 듣는 자와 그 가운데에 기록한 것을 지키는 자는 복이 있나니 때가 가까움이라"

11. 왜 하나님을 믿어야 하는가?

다음으로 중요한 것은 물입니다. 물은 공기 다음으로 흔하지만 물 또한 없다면 인간은 결코 생명을 유지할 수가 없습니다.

사람에게 오장육부가 있다면

지구에는 오대양 육대주가 있고

지구 표면의 4분의 3이 물로 덮혀 있다면

우리 인체의 70%는 수분으로 이루어져 있습니다. 그러기에 인간의 고향은 물(양수)입니다.

물은 지상 생명의 근원인 것이지요.

음식물을 먹지 않고는 4~6주 정도 버틸 수 있지만 물을 마시지 않고는 1주일 안에 사망하게 됩니다.

물… 물…!

그만큼 물은 인간의 생명 유지에 결정적 역할을 담당하고 있는 것입니다.

요한계시록 14장 7절
"그가 큰 음성으로 이르되 하나님을 두려워하며 그에게 영광을 돌리라 이는 그의 심판의 시간이 이르렀음이니 하늘과 땅과 바다와 물들의 근원을 만드신 이를 경배하라 하더라"

시편 44편 15절
"이러한 백성은 복이 있나니 여호와를 자기 하나님으로 삼는 백성은 복이 있도다"

인간에게 하나님을 떠난 진정한 행복은 존재하지 않습니다.

세계 3대 인생론의 저자 중 한 사람인 러시아의 대문호 「톨스토이」도 「인간의 진정한 행복은 하나님을 아는 것, 이 한마디에 달려 있다. 인간은 하나님을 떠나서는 결코 행복해질 수 없는 존재이다」라는 말을 남겼습니다.

요한일서 4장 7~8절 "사랑하는 자들아 우리가 서로 사랑하자 사랑은 하나님께 속한 것이니 사랑하는 자마다 하나님으로부터 나서 하나님을 알고 사랑하지 아니하는 자는 하나님을 알지 못하나니 이는 하나님은 사랑이심이라"

이 세상에 진정한 내 것은 없습니다. 받은 것만 있을 뿐이지요.(욥41:11)

그러기에 내가 받은 것 이상을 내어 줄 줄 알고, 내가 얻은 것 이상을 베풀 줄 아는 사람이 되어야 합니다.

자신의 유익만을 구하지 말고 모든 사람의 유익을 구하는 삶을 살아야 합니다.

우리의

삶이 내가 아닌 하나님을 위하고, 이웃을 위하는 삶이 된다면 그것이야말로 참으로 존귀한 삶이라 할 수 있을 것입니다.

왜 만물의 영장입니까? 인간의 존귀함이 무엇입니까? 그것은 바로 창조주를 알고, 이웃을 알고, 사랑을 베풀 줄 알기 때문입니다. 짐승이나 벌레는 자기 먹을 것만을 걱정하지만 사람은 이웃의 배고픔도, 고통도, 슬픔까지도 걱정하기에 존귀합니다. 만일 사람이 자기만을 위해서 살아간다면 그것은 짐승이나 벌레의 삶과도 같은 것입니다. 나만을 위한 삶보다 더 존귀한 삶은 이웃을 위한 삶을 사는 것입니다. 이보다 더욱 존귀한 삶은 바로 하나님을 위한 삶을 사는 것이지요.

> "네 마음을 다하고 목숨을 다하고 뜻을 다하고 힘을 다하여 주 너의 하나님을 사랑하라 하신 것이요 둘째는 이것이니 네 이웃을 네 자신과 같이 사랑하라 하신 것이라 이보다 더 큰 계명이 없느니라" (마가복음 12장 30~31절)

이 세상에 태어나 하나님을 믿고 그리스도를 영접해 말씀에 순종하며 믿음의 삶을 살아가는 사람이야말로 가장 행복한 사람입니다. 우리는 저 높은 곳, 우리를 지으신 창조주 하나님을 경외하고 그분께 영광을 돌릴 때, 진정 기쁨이 넘쳐나는 축복된 삶을 살 수 있습니다.

> "하나님을 자기의 도움으로 삼으며 여호와 자기 하나님에게 자기의 소망을 두는 자는 복이 있도다" (시편 146편 5절)

"내 영혼아 여호와를 찬양하라 나의 생전에 여호와를 찬양하며 나의 평생에 내 하나님을 찬송하리로다"
(시146:1~2)

할렐루야

아멘

 맺는 글

죽음 후에 오는 하나님의 심판

우리는 지금 죄악이 충만한 시대를 살아가고 있습니다. 마치 성경에 기록된 소돔과 고모라의 시대가 연상되기도 하지요. 그러기에 요즘 사람들은 너 나 할 것 없이 '말세'라는 말을 너무도 자연스럽게 떠올리곤 합니다. 너무도 당연한 듯이 말들을 하지요. 이는 결국 믿지 않는 사람들조차도 하나님의 작정하신 심판의 때가 점차 다가오고 있음을 본인들 스스로가 은연중에 실토하면서 살아가고 있는 것이 아니겠습니까? 사람들은 지금 다가올 재앙을 알지 못한 채 스스로 멸망의 길을 열심히 재촉하고 있습니다. 한 번쯤 세상을, 내 주변을, 잠시라도 올바른 마음과 눈으로 살펴 보십시오. 온통 거짓과 폭력, 음란으로 넘쳐나고 있지 않습니까? 인간의 도덕성은 무너지고, 양심은 무뎌지고, 인간의 이기심은 극에 달해 마치 인간이 점차 짐승으로 변해가는 것이 아닌가 하는 의구심마저 듭니다. 죄악이 이토록 충만한 세상! 이 패역하고 타락된 세상을 과연 하나님께서는 언제까지 지켜보고만 계실까요?

> "이로 말미암아 그 때에 세상은 물이 넘침으로 멸망하였으되
> 이제 하늘과 땅은 그 동일한 말씀으로 불사르기 위하여 보호하신 바 되어
> 경건하지 아니한 사람들의 심판과 멸망의 날까지 보존하여 두신 것이니라"
> (베드로후서 3장 6~7절)

성경에 기록된 예언의 말씀은 과거로부터 이 시대에 이르기까지 한 치의 오차도 허용치 않고 하나님께서 계획하시고 목적하시는 대로 차곡차곡 성취되어 왔습니다. 이제 그 계획하시고 작정하신 때가 점차 우리를 향해서 다가오고 있습니다. 그러나 이 같은 사실을 깨닫지 못하는 사람들은 마치 이 땅에서 영원히 살기라도 할 듯이 눈에 보이는 세상적인 것만을 추구하며 온갖 이기심과 욕심 가운데 살아갑니다.

> "그들의 은과 금이 여호와의 분노의 날에 능히 그들을 건지지 못할 것이며
> 이 온 땅이 여호와의 질투의 불에 삼켜지리니
> 이는 여호와가 이 땅 모든 주민을 멸절하되 놀랍게 멸절할 것임이라"
> (스바냐 1장 18절)

만약 사람들이 지옥이 존재한다는 사실과 하나님의 심판이 있다는 사실만 알았어도 이 사회가 지금과 같이 이렇듯 도덕 윤리가 무너진 타락된 사회가 되지는 않았을 것 같습니다. 그러기에 우리는 천국도 알아야 되겠지만 지옥이 있다는 사실도 반드시 알아야 합니다. 왜냐하면 그곳은 영원한 후회와 탄식과 고통만이 있는 곳이기 때문입니다. 모든 희망과 소망이 단절된 곳이기 때문입니다.

지옥은 불이 영원히 타는 곳입니다. 그 뜨거움은 인간의 상상을 초월합니다. 성경에는 '불못'(계 20:14) 또는 '불과 유황이 타는 못'(계 21:8)이라고 기록되어 있습니다. 1,000도 이상의 고온에서 타는 것이 유황입니다. 유황은 타는 냄새 또한 지독해서 공해의 으뜸이기도 하지요.

> "풀무불에 던져 넣으리니 거기서 울며 이를 갈게 되리라" (마태복음 13장 42절)

'풀무불'이라고 표현된 지옥! 곧 철을 녹이는 불입니다. 이 얼마나 두렵고 무서운 말씀입니까. 나 자신이 풀무불 속에 갇혀서 영원히 고통을 받게 된다고 한 번쯤 상상해 보십시오. 얼마나 끔찍하고 몸서리 쳐지는 일이겠습니까.

> "만일 네 손이 너를 범죄하게 하거든 찍어버리라
> 장애인으로 영생에 들어가는 것이 두 손을 가지고 지옥
> 곧 꺼지지 않는 불에 들어가는 것보다 나으니라" (마가복음 9장 43절)

성경에는 천국보다도 지옥에 관한 말씀이 더욱 많이 기록되어 있습니다. 하나님의 심판과 지옥에 대해서 수없이 경고해 주고 있지요. 하지만 지옥에 대해 이야기하면 불쾌하게 여기는 분들이 많습니다. 도리어 "누구 겁주냐~!"라는 식으로 앙칼진 말까지도 서슴치 않고 합니다. 때로는 "지옥에 가면 기름 값 걱정 안 해도 되겠네~ 따뜻해서 좋겠는 걸~!" 하면서 농담까지도 하지요. 과연 그들이 지옥이 어떤 곳인지를 알았다면 이 같은 농담을 함부로 할 수 있었을까요?

> "거기에서는 구더기도 죽지 않고 불도 꺼지지 아니하느니라
> 사람마다 불로써 소금 치듯 함을 받으리라" (마가복음 9장 48~49절)

지옥을 부인하는 사람은 기차가 달려오는 것도 모르고 철로를 베개 삼아 깊은 잠에 빠져 있는 술 취한 사람과도 같습니다. 만약 심판도 없고 천국과 지옥도 없이 이 땅에서 살다가 죽는 것으로 모든 것이 끝이라면, 세상을 자기 편한 대로 살고, 마음껏 죄를 짓고, 온갖 쾌락을 즐기며 양심 없이 살아가는 것이 훨씬 더 지혜롭고 현명한 것일 수 있습니다. 반면 이 모든 것을 믿고 인내하며 살아가는 그리스도인들이야말로 세상에서 가장 어리석은 사람이겠지요. 그런데 과연 누가 현명하고 누가 어리석은 사람일까요? 이제 그것이 가려질 시간이 점점 다가오고 있습니다.

> "… 그러나 주의 날이 도둑 같이 오리니 그 날에는 하늘이 큰 소리로 떠나가고
> 물질이 뜨거운 불에 풀어지고 땅과 그 중에 있는 모든 일이 드러나리로다"
> (베드로후서 3장 10절)

천국도 영원한 곳이고 지옥 또한 영원한 곳입니다. 천국은 슬픔도 고통도 사망도 없이 하나님과 함께 영원히 영광을 누리는 곳이지만 지옥은 마귀와 함께 유황불 속에서 세세토록 고통만 받는 곳입니다.

> "… 불과 유황으로 고난을 받으리니 그 고난의 연기가 세세토록 올라가리로다"
> (요한계시록 14장 10~11절)

성경에서 '죄의 삯은 사망'(롬6:23)이라고 알려 주고 있듯이 인간에게는 '육신의 사망'과 '영혼의 사망'이 있습니다. 그래서 예수님께서도 "오직 몸과 영혼을 능히 지옥에 멸하시는 자를 두려워하라"(마10:28)고 말씀해 주셨던 것이지요.

> "… 각 사람이 자기의 행위대로 심판을 받고 사망과 음부도 불못에 던져지니
> 이것은 둘째 사망 곧 불못이라 누구든지 생명책에 기록되지 못한 자는
> 불못에 던져지더라" (요한계시록 20장 13~15절)

지옥이 없다면 천국도 없는 것이고, 지옥이 없다면 예수님 또한 이 땅까지 오셔서 그렇듯 처참하게 십자가에 달려 죽으셔야 할 이유 또한 없었을 것입니다. 왜냐하면 예수님께서는 심판을 받아 지옥으로 가게 될 불쌍한 죄인들을 구원하시려고 이 땅에 오셔서 우리 죄를 대신해 유월절의 희생양으로 친히 십자가를 지시고 그 험한 골고다의 언덕을 오르신 것이기 때문입니다.

> "미쁘다 모든 사람이 받을 만한 이 말이여 그리스도 예수께서 죄인을 구원하시려고
> 세상에 임하셨다 하였도다" (디모데전서 1장 15절, 상반절)

하나님께서는 '공의(公義)의 하나님'(사30:18)도 되시지만 '사랑의 하나님'(요일4:16)도 되시기에 하나님을 떠나 멸망의 길로 달려가고 있는 가련한 인생들을 지켜보시며 안타까워 하십니다. 그러기에 이 순간까지도 길이 참으시며 부디 마음을 돌이켜 회개하고 돌아오기만을 애태우며 기다리고 계십니다.

> "주의 약속은 어떤 이들이 더디다고 생각하는 것 같이 더딘 것이 아니라
> 오직 주께서는 너희를 대하여 오래 참으사 아무도 멸망하지 아니하고
> 다 회개하기에 이르기를 원하시느니라" (베드로후서 3장 9절)

값없이, 조건 없이 베푸시는 하나님의 이 놀라운 은혜와 구원의 축복을 끝내 믿지 못한 채 언제까지나 외면하고 배척만 한다면 결국 그 사람은 하나님의 무서운 심판과 지옥의 형벌을 결코 피할 수 없을 것입니다. 이제 우리는 속히 회개하고 마음을 돌이켜 사랑과 자비가 풍성하신 하나님의 품으로 돌아가야 하겠습니다.

"우리가 이같이 큰 구원을 등한히 여기면 어찌 그 보응을 피하리요"
  (히브리서 2장 3절, 상반절)

빛과 어둠, 생명과 죽음, 진리와 거짓, 행복과 불행이 영원히 분리되는 이 두 곳 가운데 우리는 반드시 어딘가 한 곳을 가야만 합니다.

> 당신은 과연 어느 곳을 가시렵니까?
> 당신은 내세를 어느 곳에서 영원히 보내시렵니까?

"성령과 신부가 말씀하시기를 오라 하시는도다
듣는 자도 오라 할 것이요 목마른 자도 올 것이요
또 원하는 자는 값없이 생명수를 받으라 하시더라"
  (요한계시록 22장 17절)

아 멘

2부 예수님이 구원자이신 확실한 증거

미쁘다
모든 사람이 받을 만한 이 말이여
그리스도 예수께서
죄인을 구원하시려고
세상에 임하셨다 하였도다

(디모데전서 1장 15절)

2장

인생과 종교

"나온 바 본향을 생각하였더라면
돌아갈 기회가 있었으려니와
그들이 이제는 더 나은 본향을 사모하니
곧 하늘에 있는 것이라"
(히브리서 11장 15~16절)

여는 글

나는 누구인가?

인생을 살아가다 보면, 가끔씩 우리는 깊은 생각에 잠겨 풀리지 않는 해답을 얻어보려고 오랜 시간을 애쓰고 방황할 때가 있습니다. 바로 '나는 누구인가?' 하는 것이지요. 나는 왜 이 땅에 태어났을까? 나는 또 어디서 왔다가 어디로 가는가? 이런 수수께끼 같은 문제들이 우리의 마음을 적잖이 번뇌케 하고 혼란스럽게 하는 경우가 종종 있습니다. 그러나 생각을 하면 할수록 문제에 대한 답을 얻기는커녕 도리어 우리를 더욱 더 깊은 미로 속으로 빠져들게 합니다. 노르웨이의 철학자 '요슈타인 가아더'는 '소피의 세계'라는 철학탐구소설을 써서 이 시대의 베스트셀러가 되기도 했지요. 그 유명한 철학소설 역시 이 같은 근본적인 질문으로 시작됩니다. 이 아름다운 자연은 어디로부터 왔을까? 사람! 너는 누구인가? 마치 무대 위의 주인공처럼 살아가고 있는 사람의 존재 목적과 가치는 무엇인가? 어디로부터 와서, 무엇을 위해 살고, 또 어디로 가는가?라는 질문으로 말입니다.

역사가 시작된 이래 수많은 사람들이 이 근본적인 문제를 스스로의 힘으로 해결하기 위해 오랜 시간을 무던히도 애쓰고 노력했습니다. 하지만 끝없는 질문 속에 물음표(?)만을 만들어 낼 뿐 어느 누구도 이 문제에 대한 분명한 해답을 제시하지 못하고 있습니다. 왜 사람들은 그토록 애를 쓰면서 이 문제에 대한 답을 찾지 못하는 것일까요? 혹시 엉뚱한 곳에서 답을 찾으려고 애쓰고 있는 것은 아닐까요?

출생의 비밀도 자신을 낳아준 부모가 알려 주지 않으면 알 수 없듯이 내가 누구이고, 나의 존재 가치는 무엇이며, 삶의 목적이 무엇인가를 알기 위해서는 반드시 우리의 근본을 아시는 하나님께 여쭈어야 비로소 그 해답을 얻을 수 있습니다. 거울을 통해 내 모습을 보듯 이 문제 또한 하나님의 말씀인 성경(bible)을 통해서만 가능합니다.

왜냐하면 하나님의 계시(啓示)로 기록된 성경만이 이 모두에 대한 명쾌한 답을 제시해 주고 있기 때문입니다.

"너희는 여호와의 책에서 찾아 읽어 보라 이것들 가운데서 빠진 것이 하나도 없고 제 짝이 없는것이 없으리니 이는 여호와의 입이 이를 명령하셨고 그의 영이 이것들을 모으셨음이라" (이사야 34장 16절)

기독교 신앙은 이런 모든 문제들에 관해서 다른 그 어떤 종교나 철학, 사상과 달리 매우 명백하고도 확고한 견해를 가지고 있습니다. 그것은 곧 천지를 지으신 하나님께서 바로 성경의 저자이시기 때문입니다. 이제 성경 앞에서 내 모습을 비춰 본다면 마치 맑고 투명한 가을하늘처럼 자신의 모든 것이 선명하게 드러나게 될 것입니다. 더 이상 세상 유혹에만 이끌려 막연한 삶을 살아갈 것이 아니라 내가 진정 이 땅에서 찾고 얻어야 할 가장 귀하고 소중한 것이 무엇인가를 이제라도 성경을 통해서 발견할 수 있는 지혜로운 우리 모두가 되어야 하겠습니다.

"너희 중에 누구든지 지혜가 부족하거든 모든 사람에게 후히 주시고 꾸짖지 아니하시는 하나님께 구하라 그리하면 주시리라" (야고보서 1장 5절)

과거의 기억을 상실한 채 내가 누구인지, 자신이 타국에서 죄인 된 몸으로 나그네 되어 살아가고 있으면서도 내가 왜 이곳에서 살아가야 하는지, 나는 또 죽어서 어디로

가게 되는지, 그 이유조차도 알지 못한 채, 마치 망망한 바다 위를 떠다니는 작은 돛단배와도 같이 하루하루를 막연함 속에서 무의미하게 살아간다면 이 얼마나 답답하고 지루한 삶이 되겠습니까.

> "그들이 나온 바 본향을 생각하였더라면 돌아갈 기회가 있었으려니와
> 그들이 이제는 더 나은 본향을 사모하니 곧 하늘에 있는 것이라"
> (히브리서 11장 15~16절)

사람이 자신의 진정한 가치와 존재 목적을 알지 못할 때 그것은 마치 캄캄한 어둠속을 헤매는 것과도 같습니다. 따라서 나 자신이 얼마나 귀한 존재인가를 깨닫지 못한 채 눈에 보이는 육신적인 쾌락만을 추구하며 짐승같이 살다 보면 결국은 어느 한순간 덧없이 일생을 마치게 됩니다. 분명한 나의 존재 목적과 가치를 깨닫게 될 때 비로소 지금껏 느끼고 경험해 보지 못했던 진정한 마음의 평안과 참다운 자유를 누리게 되고 희망이 넘쳐나는 축복된 삶을 살게 될 것입니다.

> "진리를 알지니 진리가 너희를 자유롭게 하리라" (요한복음 8장 32절)

> "평안을 너희에게 끼치노니 곧 나의 평안을 너희에게 주노라
> 내가 너희에게 주는 것은 세상이 주는 것 같지 아니하니라
> 너희는 마음에 근심하지도 말고 두려워하지도 말라"
> (요한복음 14장 27절)

1. 나그네 인생

인생이란 마치 하룻길을 가는 나그네와도 같고 잠시 피었다가 사라지는 안개와도 같습니다.

야고보서 4장 14절(후반절)
"너희 생명이 무엇이냐 너희는 잠깐 보이다가 없어지는 안개니라"

인생 70~80년을 살다가 마친다 해도

결국 돌아보면 하룻밤의 꿈과도 같고

남는 것은 수고와 슬픔뿐입니다.

그 영화가 들의 꽃과 같은 것이 우리네 인생입니다.

시편 90편 10절
"우리의 연수가 칠십이요 강건하면 팔십이라도 그 연수의 자랑은 수고와 슬픔뿐이요 신속히 가니 우리가 날아가나이다"

피었던 꽃이 한순간에 떨어지듯 젊음 또한 잠시이고

그렇게 우리 인생은 시간의 굴레 속에 바람과 같이 지나갑니다.

시편 144편 5절
"사람은 헛것 같고 그의 날은 지나가는 그림자 같으니이다"

옛말에 "생야난보 백년신(生也難保 百年身)"이라는 말이 있습니다. 이 말은 인간이 살아 있을 때 자기 몸을 백년을 보존할 수가 없다는 뜻입니다.

시작이 있으면 끝이 있듯이 우리네 인생 또한 그러합니다.

태어날 때가 있으면 반드시 죽을 때가 있는 것이지요.

인간은 정해진 시간만큼만 살도록 허락되어진 존재이기 때문입니다.

시편 39편 5절(후반절)
"나의 일생이 주 앞에는 없는 것 같사오니 사람은 그가 든든히 서 있는 때에도 진실로 모두가 허사뿐이니이다"

지금 우리는 지나간 시간을 뒤로 하고 언제일지 모를 죽음을 향해 나아가고 있습니다.

그러기에 한 번뿐인 인생을 어떻게, 무엇을 위해 사는가 하는 문제는 너무도 중요하지요.

우리 모두는 이 땅에 태어날 때 빈손으로 왔고 또한 죽어서 아무것도 가져갈 수 없습니다. 이 사실 앞에 소유란 그저 잠시 잠깐 우리 곁에 머물러 있는 것에 불과합니다.

잠시뿐인 것을 위해 한 번뿐인 인생을

투자하는 것 같이 어리석은 것이 없지만

사람들은 오늘도 열심히 그렇게 합니다.

마치 내게는 영영 그 같은 일이 일어나지 않을 것처럼 말입니다.

전도서 5장 15~16절

"그가 모태에서 벌거벗고 나왔은즉 그가 나온 데로 돌아가고 수고하여 얻은 것을 아무것도 자기 손에 가지고 가지 못하리니 이것도 큰 불행이라 어떻게 왔든지 그대로 가리니 바람을 잡는 수고가 그에게 무엇이 유익하랴"

성경은 우리네 인생을 가리켜 「외국인」 또는 「나그네」라고 증거하고 있습니다. (창47:8~9, 시119:54)

나그네라는 말 속에는 이 땅이 진정한 우리의 고향이 아니라는 의미가 담겨져 있습니다.

히브리서 11장 13~14절
"또 땅에서는 외국인과 나그네임을 증언하였으니 그들이 이같이 말하는 것은 자기들이 본향 찾는 자임을 나타냄이라"

이 땅에 살고 있는 우리 모두는 죄인 된 몸으로 잠시 타국에 나와

나그네의 힘겨운 삶을 살아가고 있는 것입니다.

우리가 돌아가야 할 진정한 본향(本鄉)은 이 땅이 아닌

바로 하늘에 있는 영원한 하나님의 나라라는 사실을 꼭 기억해야 하겠습니다.

히브리서 11장 15~16절
"그들이 나온 바 본향을 생각하였더라면 돌아갈 기회가 있었으려니와 그들이 이제는 더 나은 본향을 사모하니 곧 하늘에 있는 것이라"

2. 고독한 인생

인생이란 끝없는 고독의 연속입니다.

군중 속의 고독이란 말처럼 늘상 우리는 수많은 인파 속에 묻혀서 살아가지만

항시 남모를 고독과 외로움 속에서 방황하고 씨름하며 살아갑니다.

때로는 고독을 견디지 못해 삶을 포기하는 분들도 더러 있습니다.

그러기에 누군가는 고독을 가리켜 죽음에 이르는 병이라고도 말을 했지요.

누구인들 죽는 것이 달가우며 고독이 반가울 수가 있겠습니까?

피할 수만 있으면 어떻게든 피해보련만 그럴 수가 없기에

고독을 마치 숙명처럼 한평생 끌어안고 살아가는 것이지요.

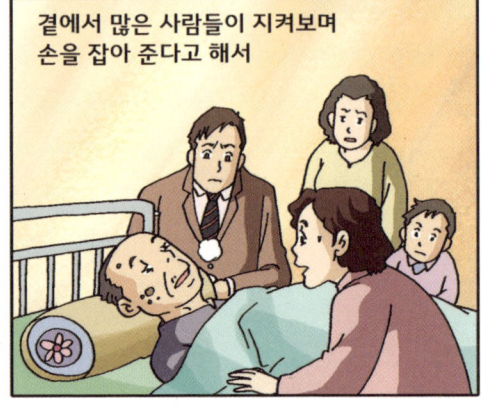

시편 102편 7절

"내가 밤을 새우니 지붕 위의 외로운 참새 같으니이다"

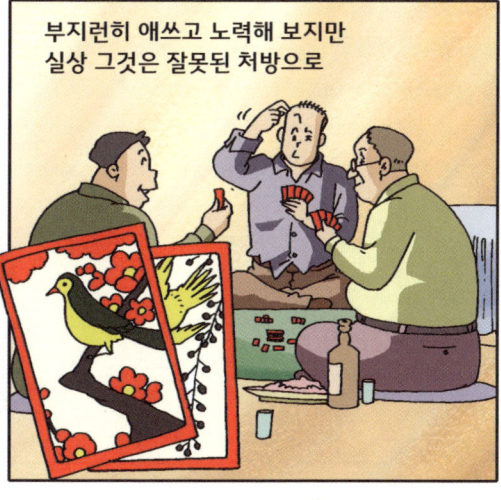

고독한 인간이 절대자를 만나 고독이란 불치병을 치유 받을 수 있다면 고독은 오히려 「생명에 이르게 하는 희망적인 병」이 될 수 있지 않을까요?. 그러기에 누군가는 「밝은 절망」도 있다는 의미 있는 화두를 던진 것이 아닌가 싶습니다.

"그런즉 누구든지 그리스도 안에 있으면 새로운 피조물이라 이전 것은 지나갔으니 보라 새 것이 되었도다" (고린도후서 5장 17절)

이제 당신의 모든 짐을 그분 앞에 내려놓으십시오. 모든 어려움과 고통을 그분께 맡겨 보십시오. 그리스도와 함께 할 때, 당신은 진정한 자유와 쉼을 얻게 될 것입니다.

"수고하고 무거운 짐 진 자들아 다 내게로 오라 내가 너희를 쉬게 하리라" (마태복음 11장 28절)

요한복음 8장 12절 "예수께서 또 말씀하여 이르시되 나는 세상의 빛이니 나를 따르는 자는 어둠에 다니지 아니하고 생명의 빛을 얻으리라"

3. 죄 많은 인생

인생이란 마치 죄(罪)를 구슬처럼 꿰어서 끌고 가는 것과도 같습니다.

일생을 온통 죄를 물 마심 같이 하며 살아가는 것이지요.

욥기
15장 16절

"하물며 악을 저지르기를 물 마심 같이 하는 가증하고 부패한 사람을 용납하시겠느냐"

아이가 태어나면 누가 가르쳐 주지 않아도 말을 배우기가 무섭게 거짓말하기 시작합니다. 스스로 주위를 살피며 눈치를 보지요.

누가 나를 좋아하고 누가 나를 싫어하는지,

누가 좋고 누가 싫은지, 누가 나보다 더 잘 되는지

자기도 모르는 사이에 시기와 질투와 미움이 싹트게 됩니다.

사람은 어떻게 하든 자기 죄를 감추려 하고 설사 죄가 드러나도 좀처럼 그 죄를 인정하려고 하지 않습니다.

기억이 잘 안 나는디~

선한 것이 옳다는 것을 잘 알면서도 은연중에 멀리하고 악(惡)한 것은 나쁜 줄 알면서도 쉽게 가까이 하지요.

이것은 바로 인간의 마음속에 죄성이 가득하기 때문입니다.

욥기
11장 11절

"하나님은 허망한 사람을 아시나니 악한 일은 상관하지 않으시는 듯하나 다 보시느니라"

이 순간에도 하나님께서는 인생들의 마음과 행위 하나하나를 묵묵히 지켜보고 계십니다. 말리지 않으십니다.

그러기에 담대히 죄를 짓는 것이지요.

그러나 하나님의 심판대 앞에서는 더 이상 죄가 허용되지 않습니다.

오직 하나님의 공의(公義)로운 심판만이 있을 뿐이지요.

전도서
12장 14절

"하나님은 모든 행위와 모든 은밀한 일을 선악간에 심판하시리라"

이 땅에 사는 동안 우리는 반드시 이 죄에 대한 문제를 해결하지 않으면 안 됩니다.

하나님의 실체이시고 참 형상이신 그리스도를 통해서 죄 사함을 받고 영생을 얻는 것이

우리가 이 세상을 살아가는 존재 이유이고 목적이기 때문입니다.

요한복음 3장 16절 "하나님이 세상을 이처럼 사랑하사 독생자를 주셨으니 이는 그를 믿는 자마다 멸망하지 않고 영생(永生)을 얻게 하려 하심이라"

만일 그 목적을 이루지 못한다면 예수님께서 유다에게 말씀하신 것 같이 "그 사람은 차라리 나지 아니하였다면 제게 좋을 뻔하였느니라"(막14:21)라는 말씀이 자신에게도 응하게 될 것이며 하나님의 무서운 심판 또한 결코 피할 수 없게 될 것입니다.

시편 130편 3절 "여호와여 주께서 죄악을 지켜보실진대 주여 누가 서리이까"

4. 거짓되고 부패한 마음

성경에서는 만물보다 거짓되고 심히 부패한 것이

사람의 마음이라고 알려주고 있습니다.

예레미야 17장 9~10절
"만물보다 거짓되고 심히 부패한 것은 마음이라 누가 능히 이를 알리요마는 나 여호와는 심장을 살피며 폐부를 시험하고 각각 그의 행위와 그의 행실대로 보응하나니"

인간의 마음속 깊이 감춰져 있는 더럽고 악한 죄성을 보고 계시는 하나님께서는 인간을 가리켜 「벌레인 사람」 심지어는 「구더기 인생」이라고까지 말씀해 주고 계십니다.

욥기 25장 5~6절
"보라 그의 눈에는 달이라도 빛을 발하지 못하고 별도 빛나지 못하거든 하물며 구더기 같은 사람, 벌레 같은 인생이랴"

사람들은 자신이 얼마나 거짓되고 부패한 존재인지 잘 인식하지 못한 채 살아갑니다. 거짓말을 밥 먹듯 하면서도 나는 진실하다고 말합니다. 마치 법이 없어도 살듯이 그럴듯한 말로 자신을 포장하지요.

잠언 12장 22절
"거짓 입술은 여호와께 미움을 받아도 진실하게 행하는 자는 그의 기뻐하심을 받느니라"

말로 떡을 하면 조선팔도가 먹고도 남는다는 말이 있습니다.

하룻밤에도 고래등같은 기와집을 수만 채도 지을 수가 있지요.

이렇듯이 사람은 입술로는 그럴듯하게 말들을 하지만 실상 그 마음에는 일곱 가지의 가증한 것이 있다고 성경은 지적하고 있습니다.

잠언 26장 24~25절 "원수는 입술로는 꾸미고 속으로는 속임을 품나니 그 말이 좋을지라도 믿지 말 것은 그 마음에 일곱 가지 가증한 것이 있음이니라"

사람이 지닌 일곱 가지 가증한 것들을 짐승에 비유한다면

공작, 염소, 돼지, 뱀, 표범, 개구리, 거북이로 비유할 수가 있습니다.

첫째는 공작새 같은 마음으로 인간의 교만한 마음, 으시대고 뽐내는 마음, 자기를 높이고 자랑하려는 마음을 가리킵니다.

"교만은 패망의 선봉이요 거만한 마음은 넘어짐의 앞잡이니라" (잠언 16장 18절)

둘째는 염소 같은 마음으로 고집과 음란함을 가리킵니다.
실상 염소의 눈을 자세히 들여다보면 무척이나 음흉해 보이는 것을 느낄 수가 있습니다.
고집 또한 대단해서 염소가 도리어 주인을 끌고 가려고도 하지요.
성경에서도 하나님께 복 받을 자들을 양으로, 저주받을 자들을 염소로 비유하고 있습니다.
(마25:31~46) 우리는 이제라도 염소와 같은 못된 성격을 버리고
오직 어린양 되신 예수 그리스도를 본받아 믿고 따르는 가운데 스스로 자신을 낮춰
나보다 이웃을 아끼고 사랑하며 배려할 줄 아는 겸손한 그리스도인이 되어야 하겠습니다.

셋째는 돼지 같은 마음으로 욕심과 더러움을 상징합니다.
그러나 실상은 돼지보다도 더욱 욕심이 많고 더러운 것이 사람이기도 하지요.
돼지는 먹는 욕심뿐이지만 사람은 그렇지가 않습니다. 아무리 채워도 끝이 없지요.
저것만 가지면 행복할 텐데… 저것만… 저것만… 하면서 쫓아가다 보면
어느새 죽음의 문턱을 넘게 되는 것입니다.

"오직 각 사람이 시험을 받는 것은 자기 욕심에 끌려 미혹됨이니 욕심이
 잉태한즉 죄를 낳고 죄가 장성한즉 사망을 낳느니라" (야고보서 1장 14~15절)

사람들은 정조 없는 짐승으로 흔히 개를 떠올립니다.
그러나 개도, 돼지도, 세상 그 어떤 짐승도 암놈이 암놈과, 수놈이 수놈과 교미하지 않습니다.
그러나 사람들은 그렇게 하지요. 그래서 "AIDS"가 생겨난 것입니다.

"그와 같이 남자들도 순리대로 여자 쓰기를 버리고 서로 향하여 음욕이
 불일 듯하매 남자가 남자와 더불어 부끄러운 일을 행하여 그들의 그릇됨에
 상당한 보응을 그들 자신이 받았느니라" (로마서 1장 27절)

| 욥기 14장 4절 | "누가 깨끗한 것을 더러운 것 가운데에서 낼 수 있으리이까 하나도 없나이다" |

넷째는 뱀과 같은 마음으로 인간의 간교한 마음을 뜻합니다.
뱀의 혀가 둘로 갈라져 있듯 한 입으로 두 말 하는 것을 가리키지요.
야고보서 3장 11절에는 "샘이 한 구멍으로 어찌 단물과 쓴 물을 내겠느뇨",
그리고 10절에는 "한 입으로 찬송과 저주가 나는도다"라고 기록되어 있습니다.
어찌 하나님을 찬송하면서 동시에 이웃을 저주하고 거짓말할 수 있겠습니까?

"독사의 자식들아 너희는 악하니 어떻게 선한 말을 할 수 있느냐
 이는 마음에 가득한 것을 입으로 말함이라" (마태복음 12장 34절)

옛말에 "혀 밑에 도끼가 숨어 있다",
"칼로 입은 상처는 아물면 그만이지만
말로 입은 상처는 영원히 남는다"라는 말이 있습니다.
힘에 의한 폭력보다 더 무서운 것이 언어 폭력입니다.
오죽하면 말 한마디 잘못해서 살인이 나고,
말 한마디 잘해서 천냥 빚을 갚는다는 말까지 생겨났겠습니까?

> **야고보서 3장 6절**
> "혀는 곧 불이요 불의의 세계라 혀는 우리 지체 중에서 온몸을 더럽히고 삶의 수레바퀴를 불사르나니 그 사르는 것이 지옥 불에서 나느니라"

다섯째는 표범과 같은 마음으로 사납고 포악한 기질을 가진 사람을 가리킵니다.
옛말에 참을 인(忍)자가 셋이면 살인도 면한다는 말이 있습니다.
그만큼 참을성과 인내심은 매우 중요한 것이지요. 그러나 우리 주변에는
사소한 일에도 화를 내고, 다투고 심지어는 폭력을 앞세워
상대에게 상처까지 입히는 사람들을 종종 보게 됩니다.

"포학한 자를 부러워하지 말며 그의 어떤 행위도 따르지 말라" (잠언 3장 31절)

폭력은 그 어떠한 말로도 합리화 될 수도, 정당화 될 수도 없습니다. 폭력은 가정과 이웃과
사회를 병들게 하고 심지어 우리 곁에서 사랑과 믿음까지도 빼앗아 갑니다.
폭력은 반드시 근절되어야 하고 추방되어야 합니다.
폭력은 곧 모든 것을 파괴시키는 주범이 되기 때문입니다.

"노하기를 더디하는 자는 용사보다 낫고 자기의 마음을 다스리는 자는
 성을 빼앗는 자보다 나으니라" (잠언 16장 32절)

하나님께서는 온유하고 겸손한 자를 사랑하십니다.
이제 우리는 「원수까지도 사랑하라」(마5:44)고 하신 예수님의 말씀을 마음속 깊이
새기는 가운데 나보다 먼저 이웃을 아끼고 사랑하는 마음,
이웃의 아픔과 허물까지도 감싸줄 수 있는 마음을 갖도록 힘써야 하겠습니다.

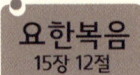
요한복음
15장 12절

"내 계명은 곧 내가 너희를 사랑한 것 같이
너희도 서로 사랑하라 하는 이것이니라"

여섯째는 개구리 같은 마음입니다.
한여름 밤에 논가에 나가 보면 마치 동네가 떠나갈 듯이 밤이 새도록 개구리가 울어대는 것을 볼 수가 있지요. 개구리는 곧 수군수군하는 마음, 남을 비방하는 마음, 능욕하는 마음을 가리킵니다.

> **잠언**
> 13장 3절
> "입을 지키는 자는 자기의 생명을 보전하나
> 입술을 크게 벌리는 자에게는 멸망이 오느니라"

일곱째는 거북이 같은 마음으로 인간의 기회주의적인 모습을 가리킵니다.
거북이는 자기가 필요할 때는 머리를 내밀었다가 자기가 불리하면 안으로 들어가서 나오지 않기 때문입니다. 이 모두가 바로 하나님이 싫어하시는 일곱 가지 가증한 마음입니다.

사람은 누구나 이 같은 마음을 다 지니고 있습니다.

이런 더러운 마음을 잘 억제하는 사람을 가리켜서 소위 인격자라고들 하지만 실상 속마음은 다 똑같은 것이지요.

세상에서 인간 같이 잔인하고 악한 존재도 없는 것 같습니다.

마치 언제 터질지 모르는 시한폭탄과도 같은 존재이지요.

일생을 온통 마음으로, 입으로, 눈으로, 귀로, 손으로, 발로,

그야말로 온몸으로 죄를 짓고 살아가는 죄덩어리인 셈입니다.
(잠6:16~19)

이사야
59장 7~8절

"그의 발은 행악하기에 빠르고 무죄한 피를 흘리기에 신속하며 그 생각은 악한 생각이라 황폐와 파멸이 그 길에 있으며 그들은 평강의 길을 알지 못하며 그들이 행하는 곳에는 정의가 없으며 굽은 길을 스스로 만드나니 무릇 이 길을 밟는 자는 평강을 알지 못하느니라"

성경에서 사람을 나무에 비유하듯이, 사람을 나무로 말한다면 바로 나쁜 나무인 것이지요.

나쁜 나무는 아무리 물을 주고 거름을 주며 공을 들여도 결코 좋은 열매를 맺을 수 없습니다.

마태복음 7장 18절
"좋은 나무가 나쁜 열매를 맺을 수 없고 못된 나무가 아름다운 열매를 맺을 수 없느니라"

인간은 모두가 악한 나무이고 못된 나무입니다. 못된 나무인 우리가 좋은 나무가 되기 위해서는 오직 한 가지 방법 외에는 없습니다.

먼저 하나님의 말씀을 믿고 순종하는 가운데 생명의 나무가 되시는 예수 그리스도께 접붙임을 받는 길뿐이지요.

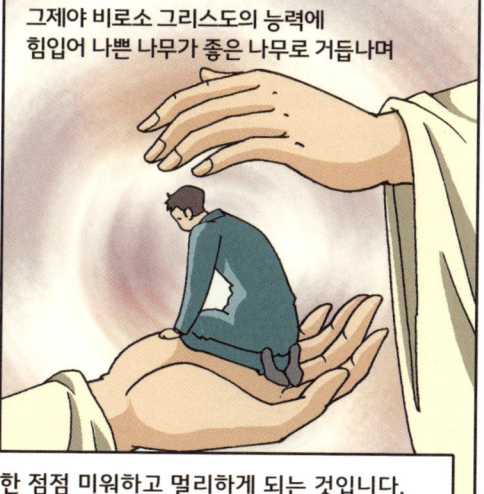
그제야 비로소 그리스도의 능력에 힘입어 나쁜 나무가 좋은 나무로 거듭나며

악을 이길 수 있는 힘이 생겨나게 되고 죄 또한 점점 미워하고 멀리하게 되는 것입니다.

요한복음 15장 5절
"나는 포도나무요 너희는 가지라 그가 내 안에, 내가 그 안에 거하면 사람이 열매를 많이 맺나니 나를 떠나서는 너희가 아무것도 할 수 없음이라"

5. 슬픔과 고통의 삶

인생은 슬픔과 고통의 연속입니다.

수많은 환란과 역경 속에서 힘겨운 시련의 삶을 살아가지요.

하나님께서는 왜 우리를 이렇듯 온갖 고통과 슬픔 속에서 살아가게 하셨을까요…?

예레미야애가 3장 33절
"주께서 인생으로 고생하게 하시며 근심하게 하심은 본심이 아니시로다"

하나님께서는 인생으로 고생하며 근심하게 하신 것이

하나님의 본심이 아니라고 하시며 도리어 그것이

우리에게 평안을 주기 위함이라고 말씀해 주고 계십니다.

이사야 38장 17절(중반절)
"내게 큰 고통을 더하신 것은 내게 평안을 주려 하심이라"

어린아이가 밖에서 뛰고 놀 때는 노는 것에만 정신이 팔려 집 생각을 안 하다가

갑자기 급한 일이라도 당하게 되면 그제야 집으로 달려와 부모를 찾게 되는 것과 같이

사람들 또한 세상에 소망을 두고 즐겁게 평안하게만 살아갈 때는 하나님을 찾지도 알려고도 하지 않지요.

자신만을 의지한 채 눈에 보이는 세상적인 것에만 마음을 빼앗겨

제멋대로 살아가다가 막상 고통과 불행이 겹치고 절망적인 상황에 직면하게 되면

그제야 하나님을 찾고 부르짖게 되는 것을 종종 보게 됩니다.

시편 119편 71절

"고난 당한 것이 내게 유익이라 이로 말미암아 내가 주의 율례들을 배우게 되었나이다"

하나님을 찾고 부르짖게 되는 것을 성경을 통해 확인해 볼 수가 있습니다.

하나님의 사랑의 채찍입니다.

히브리서 12장 6절
"주께서 그 사랑하시는 자를 징계하시고 그가 받아들이시는 아들마다 채찍질하심이라"

만약 고통과 슬픔이 없고 항상 즐겁다면 누가 이 땅에서 하나님을 찾고 천국을 사모하겠습니까?

환난과 고통을 겪게 될 때 비로소 근심과 고통과 슬픔이 없는 영원한 하늘나라를 사모하게 되는 것이지요.

종교개혁자요 신학자인 칼빈(J.Calvin, 1509~1564)도 「이 세상에 고통이 많은 것은 천국을 사모하는 마음을 가지게 하기 위해서이다」라고 말해주고 있습니다.

시편
119편 67절

"고난 당하기 전에는 내가 그릇 행하였더니 이제는 주의 말씀을 지키나이다"

요즘 어떤 부모님들은 자녀가 사랑스럽다는 이유로 때로 아이가 잘못을 저질러도 꾸짖거나 징계하기보다는

도리어 괜찮다는 식으로 무작정 아이의 허물을 감싸주고 덮어 주려고만 하는 것을 보게 됩니다.

그것은 자식을 사랑하는 것이 아니라 도리어 더 큰 범죄자로 키우는 것입니다.

잠언
22장 6절

"마땅히 행할 길을 아이에게 가르치라 그리하면 늙어도 그것을 떠나지 아니하리라"

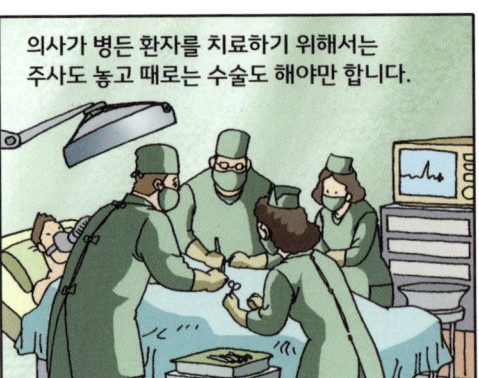

의사가 병든 환자를 치료하기 위해서는 주사도 놓고 때로는 수술도 해야만 합니다.

생명을 빼앗아갈 암 덩어리를 그대로 방치해 둘 수 없기 때문이지요.

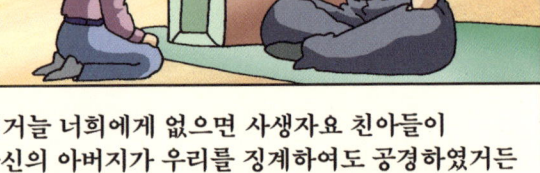

자녀들을 바른 길로 이끌기 위해서는
설사 그 순간은 부모의 가슴이 아프더라도
반드시 아이가 자신의 잘못을 깨달을 수 있도록
죄질에 합당한 징계를 해야 합니다.

히브리서 12장 18~19절
"징계는 다 받는 것이거늘 너희에게 없으면 사생자요 친아들이 아니니라 또 우리 육신의 아버지가 우리를 징계하여도 공경하였거든 하물며 모든 영의 아버지(하나님)께 더욱 복종하여 살려 하지 않겠느냐"

믿는 우리에게 하나님은 곧 영(靈)의 부모님이 되십니다.

그러기에 우리를 올바른 길로, 영생의 길로 이끄시기 위해

잠시 슬픔과 고통과 환난까지도 허락하시는 것입니다.

신명기 8장 5~6절
"너는 사람이 그 아들을 징계함 같이 네 하나님 여호와께서 너를 징계하시는 줄 마음에 생각하고 네 하나님 여호와의 명령을 지켜 그의 길을 따라가며 그를 경외할지니라"

고난은 곧 영광을 받기 위한 하나의 수단이며

우리에게 절대 없어서는 안 될 너무도 소중한 것이지요.

「노 크로스 노 크라운(No cross no crown)」이라는 말대로 십자가(환난) 없이는 영광도 없는 것입니다.

욥기 23장 10절 "그러나 내가 가는 길을 그가 아시나니 그가 나를 단련하신 후에는 내가 순금 같이 되어 나오리라"

고난은 믿음의 확실성과 신실함을 시험하는 잣대이며

장차 하나님의 영광에 들어가기에 합당한 자녀로 이끄시고자 단련하시는

하나님의 귀한 도구라는 사실을 우리 모두는 꼭 기억해야 하겠습니다.

야고보서 5장 13절 "너희 중에 고난 당하는 자가 있느냐 그는 기도할 것이요 즐거워하는 자가 있느냐 그는 찬송할지니라"

우리를 선택하여 주신 것도 하나님의 은혜요,
당신의 영광에 들어가게 하시는 것도 하나님의 은혜이며
그 고난을 통해서 우리를 온전한 자녀로 이끄시고
양육하시기 위해 잠시 고난을 허락하시는 것도 하나님의 은혜요 사랑입니다.

고난을 통해서 우리에게 더욱 큰 영광과 축복을 주시기 위한
하나님의 크신 뜻을 깨달아 어떠한 환난과 역경이 닥친다 해도
결코 좌절하거나 낙망하지 말고 그럴수록 더욱 더 하나님을 의지하고
말씀에 순종하는 가운데 이 땅에서의 고난을 도리어
하나님께 감사와 찬양으로 화답할 수 있는 장성한 믿음의 자녀들이 되어야 하겠습니다.

로마서 8장 16~18절
"성령이 친히 우리의 영과 더불어 우리가 하나님의 자녀인 것을
증언하시나니 자녀이면 또한 상속자 곧 하나님의 상속자요
그리스도와 함께 한 상속자니 우리가 그와 함께
영광을 받기 위하여 고난도 함께 받아야 할 것이니라 생각하건대
현재의 고난은 장차 우리에게 나타날 영광과 비교할 수 없느니라"

6. 삶과 죽음

사람의 공통된 소원이 있다면 그것은 늙지 않으려는 것과 죽지 않으려는 것입니다.

그러나 아쉽게도 지금까지 이 문제를 해결한 사람은 없습니다.

실존 철학에서 자주 사용하는 용어 중에 「한계상황(限界狀況, Boundary Situation)」이라는 말이 있습니다.

인간이 도저히 넘을 수 없는 벽을 일컬어 한계상황이라고 합니다.

그것이 곧 생로병사(生老病死)이지요.

인간은 어느 누구도 태어나고, 늙고, 병들어 죽는 것을 피할 수가 없습니다.

역사 이래 인간이 바라는 가장 큰 소망이라면 역시 죽음을 극복하는 것이지요.

수많은 사람들이 오래 살기 위해 애썼지만 모두 허사였습니다.

한평생을 아무리 풍요롭고 즐겁게 살았다 해도 「이제 죽어도 좋다」고 말하면서 죽는 사람은 없습니다.

원하는 온갖 것을 다 누려본 사람도 마지막에는 족지 않으려고

몸부림 치는 것이 인간의 본능인 것이지요.

난 안 가~!

안 가~?

그럼 맞고 갈래?!

이것은 바로 이 세상에서 잘 먹고 잘 살고 부귀영화를 누리는 것만이 삶의 목적이 아님을 반증해 줍니다.

전도서 1장 2절 "전도자가 이르되 헛되고 헛되며 헛되고 헛되니 모든 것이 헛되도다"

인간은 어리석게도 돈을 벌기 위해서 죄를 짓고

다시 그 돈을 쓰기 위해서 열심히 또 죄를 짓습니다.

그러나 돈을 많이 벌어서 잘 살아볼까 했던 사람이 갑자기 죽는 경우도 종종 있습니다.

누가복음 12장 20~21절
"하나님은 이르시되 어리석은 자여 오늘 밤에 네 영혼을 도로 찾으리니 그러면 네 준비한 것이 누구의 것이 되겠느냐 하셨으니 자기를 위하여 재물을 쌓아 두고 하나님께 대하여 부요하지 못한 자가 이와 같으니라"

돈이 많은 부자도 항시 무엇인가 부족함을 느끼며 살아갑니다.

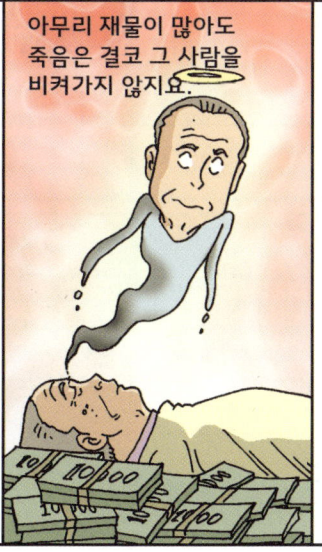
아무리 재물이 많아도 죽음은 결코 그 사람을 비켜가지 않지요.

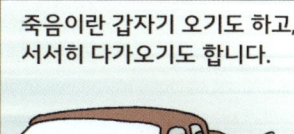
죽음이란 갑자기 오기도 하고, 서서히 다가오기도 합니다.

건강하던 사람이 며칠 안에 죽을 수도 있고, 병원 침대에 누워 금방이라도 죽을 듯하던 사람이 10년, 20년을 더 오래 사는 경우도 있습니다.
그러나 분명한 사실은 죽음은 누구에게나 반드시 찾아온다는 사실이지요.
그러기에 당신이 죽는 것은 정해진 이치입니다.

그 사실을 수많은 공동묘지와 납골당이 보란 듯이 증명해 주고 있습니다.

세월의 흐름 속에 육신은 늙어 머리는 희어지고, 시력은 점차 떨어집니다. 심장의 기능은 약해지고 혈압은 올라가지요.

바로 죽음이라는 운명적인 시간이 자신을 향해서 점점 다가오고 있는 것입니다.

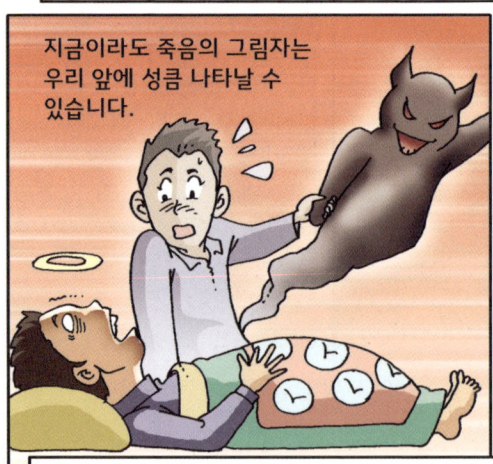

해마다 수많은 사람들이 예기치 못한 사고로 죽습니다. 사망자의 절반 이상이 그렇다고 합니다. 그래서 집을 지을 때「모든 문과 계단은 큰 관이 들어올 수 있게 하라」는 것입니다.

이 땅에 태어난 모든 사람은 반드시 삶과 죽음을 경험합니다.
이에 대해 예외인 사람은 없습니다.
그러나 많은 사람들이 자신은 영원히 살 것처럼 착각하며 살아갑니다.

이 세상에 생(生)과 사(死) 즉, 태어나는 것과 죽는 것이 있듯이
죽음 이후에도 빛과 어둠이 있어 두 길로 나뉩니다.
바로 성경이 증거(證據)하는 천국과 지옥이 그것입니다.

우리가 하나님을 믿고 그리스도를 영접해 말씀에 순종하여 믿음의 길을 걸어가는
주된 목적은 이 땅에서 잘되는 것이 아닌 영원한 하나님 나라를 가기 위함입니다.

로마서 2장 6~8절

"하나님께서 각 사람에게 그 행한 대로 보응하시되
참고 선을 행하여 영광과 존귀와 썩지 아니함을 구하는 자에게는
영생으로 하시고 오직 당을 지어 진리를 따르지 아니하고
불의를 따르는 자에게는 진노와 분노로 하시리라"

모든 인생은 죄인으로 이 땅에 태어났고 때가 되면 늙어서 죽든, 병이 들어 죽든, 혹은 사고로 죽든 결국은 죽어 육신은 흙으로 돌아가고 사람의 실체인 영혼은 다시 하나님께로 돌아가 이 땅에서 행한 행위대로 하나님의 엄중한 심판을 받고 비로소 영원한 곳으로 가게 됩니다.

"…각 사람이 자기의 행위대로 심판을 받고 사망과 음부도 불못에 던져지니 이것은 둘째 사망 곧 불못이라" (요한계시록 20장 13~14절)

내가 가야 할 곳이 천국이라면 더할 수 없는 축복이고 영광이 되겠지만 만일 지옥이라면 그 참담한 현실 앞에 누구인들 몸서리를 치지 않을 수가 있겠습니까? 그러나 이미 그때는 아무리 후회해 본들 더 이상 돌이킬 수가 없겠지요. 아무리 통곡을 하고 애원해 본들 더 이상의 기회는 주어지지 않습니다. 오직 무서운 심판과 지옥의 형벌만이 있을 뿐입니다.

마가복음 9장 48~49절
"거기에서는 구더기도 죽지 않고 불도 꺼지지 아니하느니라 사람마다 불로써 소금 치듯 함을 받으리라"

> **전도서**
> 3장 17절
>
> "…의인과 악인을 하나님이 심판하시리니 이는 모든 소망하는 일과 모든 행사에 때가 있음이라 하였으며"

> **마태복음**
> 10장 28절
>
> "몸은 죽여도 영혼은 능히 죽이지 못하는 자들을 두려워하지 말고 오직 몸과 영혼을 능히 지옥에 멸하실 수 있는 이를 두려워하라"

3장

왜 예수님이 구원자이신가?

"그는 근본 하나님의 본체시나 하나님과 동등됨을 취할 것으로
여기지 아니하시고 오히려 자기를 비워 종의 형체를 가지사
사람들과 같이 되셨고 사람의 모양으로 나타나사 자기를 낮추시고
죽기까지 복종하셨으니 곧 십자가에 죽으심이라"
(빌립보서 2장 6~8절)

여는 글

역사의 중심이신 예수님

역사상 가장 위대한 인물을 꼽으라면 당신은 누구를 꼽으시겠습니까?

과거로부터 이 시대에 이르기까지 인류에 가장 큰 영향력을 끼친 인물이 있다면 과연 누구라고 생각하십니까?

「역사가들의 세계사」(The Historians' History of the World)라는 문헌은 "세계의 주요 문명들이 인정하는 신기원은 예수의 출생에서 시작된다"고 적고 있습니다. 심지어 〈타임〉지는 "지난 이천 년뿐 아니라 인류 역사 전체에 걸쳐 가장 강력한 인물이 나사렛 예수였다는 사실을 부인하려면 매우 무리한 추론을 해야 할 것이다"라고 기술하고 있지요. 여기에 덧붙여 "역사상 예수만큼 강력하고 지속적인 영향을 미친 삶을 산 사람은 없다"라고 적고 있습니다.

얼마 전, 미국의 저명한 시사 잡지인 〈타임〉, 〈뉴스위크〉, 〈U.S.뉴스 앤 월드 리포트〉는 모두 같은 시기에 예수에 관한 글을 표제기사로 실었습니다. 그 정도로 예수님에 대한 사람들의 뜨거운 관심은 시간이 지날수록 더욱 높아져만 갑니다. 과거에도 현재에도 변함없이 강력합니다.

2002년 12월 〈월 스트레이트〉 저널에 실린 한 사설의 제목도 "과학도 예수를 부인할 수는 없다"였습니다. 뿐만 아니라 2004년에 〈토론토 스타〉지는 "예수의 영향력은 영화와 음악, 패션에도 살아 있다. 예수의 영향력이 미치지 않는 곳은 없다"고 했습니다.

프랑스의 나폴레옹 황제 또한 "나는 인간들에 대하여 잘 안다. 그러나 예수 그리스도는 보통 인간들과는 전혀 다르다"라고 고백하였습니다.

그는 워털루 전쟁에서 패배한 후에, 성 헬레나 섬에서 예수님의 신성을 의심했던 자신의 충복 비스란트 장군에게 "그리스도 안에 있는 모든 것이 나를 놀라게 했다. 그분의 성령이 나를 위압하고, 그분의 뜻이 나를 꺾으셨다. 그분은 진정 스스로 계신 분이셨고, 그분의 생각과 감정, 그리고 그분이 주신 진리, 그분의 확신에 찬 태도, 이 모든 것이 인간의 기관이나 어느 자연물에서도 결코 설명될 수 없는 특별한 것이었다. 알렉산더, 시저, 샤를마뉴, 그리고 나는 무력으로 제국을 건설했지만 오직 예수 그리스도만은 그 제국을 영원한 사랑의 토대 위에 세우셨다. 그리고 지금 이 시간에도 수백만의 사람들이 그분을 위하여 죽음을 무릅쓰고 있다"라고 말하였습니다.

특히 우리가 현재 사용하고 있는 '서기' 앞에 'A.D'라는 단어가 사용되고 있다는 것은 누구나 잘 알고 있는 사실입니다. 이 단어는 또 무엇을 뜻하고 있습니까?
'B.C'라는 단어는 영어의 'Before Christ'의 약자로 '예수님 오시기 전'이라는 뜻이고, 'A.D'라는 단어는 'Anno Domini'라는 라틴어의 머릿글자를 따온 것으로 영어로는 'In the year of our Lord'라는 말로 이를 우리말로 번역하면 '우리 주님의 해'라는 뜻이 됩니다. 예를 들어, 2020년이라고 하는 것은 바로 예수님께서 이 땅에 오신 지 2020년이 지났다는 뜻이 되는 것이지요.

이천 년 전에 로마의 식민지였던 이스라엘 땅에 태어나셔서 3년 반 동안 하나님의 일을 하시다가 33세의 젊은 나이로 십자가에 못 박혀 돌아가신 예수님의 탄생을 기준으로

인류의 역사(歷史)가 기원전, 후(B.C & A.D)로 구분되어 나뉘게 되다니 이 얼마나 놀라운 일입니까?

오늘날 '서기'를 사용하고 있는 것은, 이미 우리가 이 세상의 주인이 2020년 전에 오신 '예수 그리스도'라고 고백하는 것과 같습니다. 'A.D'라는 단어는 지구가 하나님의 아들 예수 그리스도 앞으로 등기(주인)되었다는 사실을 분명하게 증거해주는 것이기도 합니다.

> "조상들도 그들의 것이요 육신으로 하면 그리스도가 그들에게서 나셨으니 그는 만물 위에 계셔서 세세에 찬양을 받으실 하나님이시니라 아멘"
> (로마서 9장 5절)

인류 역사 속에 과연 이 같은 분이 예수 그리스도 외에 누가 또 있는가를 우리는 한 번쯤 깊이 생각해 보아야 하겠습니다.

모든 물건에는 주인이 있고 모든 제품에는 그 제품을 만든 회사가 존재합니다. 반드시 집마다 지은이가 있는 것이지요. 과연 이 세상의 주인이 누구이겠습니까? 역사의 주인이 누구이겠습니까?

우리는 결코 만물의 주인이신 창조주 하나님을 부인하는 어리석은 자가 되지 말아야 하겠습니다.

> "만물이 그로 말미암아 지은 바 되었으니 지은 것이 하나도 그가 없이는 된 것이 없느니라" (요한복음 1장 3절)

1. 육신으로 오신 하나님

인간이 수행이나 고행을 통해서 스스로 완전함에 이른다는 것은 사실상 불가능한 일입니다.

조금 나아질 수는 있겠지만 그것은 정도의 차이일 뿐이지요.

그럼에도 불구하고 보이지도 않고 말도 못하는 신(神)을 자신의 힘과 노력으로 찾아가려고 합니다.

과연 그것이 가능한 일일까요?

인간은 절대 불완전한 존재이며 명백한 한계를 가진 존재이기 때문입니다.

이는 얼굴도, 이름도, 주소도 모르는 사람을 찾으려고 애쓰는 것과도 같습니다.

그래도 계속 찾으면 혹시 찾을 수 있지 않을까?

차라리 하늘의 별을 따~!

킥킥! 맞아~!

이미 그 자체가 막연한 것이지요.

마치 손으로 허공을 잡으려는 것과도 같은 것입니다.

이것이 바로 기독교가 타종교와 다른 점입니다.

그분이 곧 우리의 구원자이시며 참 하나님의 실체가 되시는 「예수 그리스도」이십니다.

"그러므로 주께서 친히 징조를 너희에게 주실 것이라 보라 처녀가 잉태하여
 아들을 낳을 것이요 그 이름을 임마누엘이라 하리라" (이사야 7장 14절)

"이는 한 아기가 우리에게 났고 한 아들을 우리에게 주신 바 되었는데
 그의 어깨에는 정사를 메었고 그의 이름은 기묘자라, 모사라,
 전능하신 하나님이라, 영존하시는 아버지라, 평강의 왕이라 할 것임이라"
 (이사야 9장 6절)

"보라 처녀가 잉태하여 아들을 낳을 것이요 그의 이름은 임마누엘이라 하리라 하셨으니 이를 번역한즉 하나님이 우리와 함께 계시다 함이라"(마1:23)는 말씀이 응하신 것이지요.

"태초(太初)부터 계시던 생명의 말씀"이 우리에게 나타나신 바 되고 "말씀이 육신이 되어 우리 가운데 거(居)"하신 것입니다.

"말씀이 육신이 되어 우리 가운데 거하시매 우리가 그의 영광을 보니
 아버지의 독생자의 영광이요 은혜와 진리가 충만하더라"
 (요한복음 1장 14절)

2. 예언대로 오신 예수님

인류의 역사가 시작된 이래 그 어떤 위대한 인물도

출생 전에 그 사람의 전기(傳記)가 미리 기록된 경우는 없습니다.

오직 예수 그리스도 한 분뿐이지요.

예수님께서는 이 땅에 오시기 약 400년 전에 이미 그분에 관한 모든 전기가 완성되어 있었습니다.

그분이 태어나실 시기와 장소,

이 땅에 오셔서 겪게 될 고난과 고통

죽음과 부활까지도 자세하게 예언되어 있고

그 모든 예언들은 성경에 기록된 대로 성취되었습니다.

반드시 증험(證驗)과 성취함이 있습니다.

신명기 18장 22절
"만일 선지자가 있어 여호와의 이름으로 말한 일에 증험도 없고 성취함도 없으면 이는 여호와께서 말씀하신 것이 아니요 그 선지자가 제 마음대로 한 말이니 너는 그를 두려워하지 말지니라"

예수님에 대한 예언들이 어떻게 성취되었는가?

구약예언	예언내용	신약성취
창 3 : 15	여인의 후손	갈 4 : 4
창 17 : 7	아브라함의 후손	갈 3 : 16
렘 23 : 5,6	다윗의 후손	행 13 : 22,23
단 9 : 24,25	정한 때가 이름	갈 4 : 4
사 7 : 14	동정녀 탄생	마 1 : 18
사 7 : 14	임마누엘이라 불림	마 1 : 21~23
미 5 : 2	베들레헴에서 출생	마 2 : 1
시 72 : 10	위대한 사람들이 그를 공경함	마 2 : 1~11
렘 31 : 15	영아 살해	마 2 : 16~18
호 11 : 1	애굽에서 부르심	마 2 : 15
말 3 : 1	선구자의 출현	마 3 : 1~3
사 61 : 6	성령의 기름 부으심	행 10 : 38
신 18 : 15~18	모세와 같은 선지자	행 3 : 20~22
사 61 : 1,2	공생애 시작	눅 4 : 16~21,43
사 9 : 1,2	갈릴리에서 전도 시작	마 4 : 12~16
슥 9 : 9	예루살렘 입성	마 21 : 1~11
사 42 : 2	일하는 모습의 온유하심	마 12 : 15~19
사 40 : 11, 42 : 3	동정과 부드러움	마 12 : 15,20
시 69 : 9	열성의 충만	요 2 : 17
시 78 : 2	비유로 가르치심	마 13 : 34,35
사 35 : 5,6	이적을 행하심	마 11 : 4~6
사 69 : 7,9,20	훼방을 받으심	롬 15 : 3
시 69 : 8	형제에게 배척을 받으심	요 7 : 3~5

구약예언	예언내용	신약성취
시 69 : 4	유대인이 그를 미워함	요 15 : 24~25
시 118 : 22	유대 지도자들에게 배척 당하심	막 12 : 10~12
시 2 : 1,2	유대인과 이방인이 그를 대적함	행 4 : 27
시 41 : 9	친구의 배반	요 13 : 18,21
슥 13 : 7	제자들에게 버림 받으심	마 26 : 31,56
슥 11 : 12	은 30냥에 팔리심	마 26 : 15
슥 11 : 13	그 돈으로 토기장이의 밭을 구입함	마 27 : 7
시 22 : 14,15	격심한 고난	눅 22 : 33,35,37
사 53 : 6,12	다른 이를 위하여 고난 받으심	마 22 : 28
사 53 : 6,12	모욕을 받으셨으나 잠잠하심	마 26 : 63,27
미 5 : 1	뺨을 맞으심	마 26 : 67,27 : 30
사 50 : 6	침뱉음을 당하시고 채찍에 맞으심	막 14 : 65
시 22 : 16	손과 발이 십자가에 못박힘	요 19 : 18,20 : 25
시 22 : 1	하나님이 얼굴을 가리우심	마 27 : 46
시 22 : 7,8	조롱을 당하심	마 27 : 39~44
시 69 : 21	쓸개와 초를 드림	마 27 : 34
시 22 : 18	그의 옷을 제비뽑아 나눔	마 27 : 35
사 53 : 12	범죄자들과 함께 간주되심	마 15 : 27,28
사 53 : 12	범죄자를 위하여 중보하심	눅 23 : 34
사 53 : 12	죽기까지 기도하심	마 27 : 50
시 34 : 20	뼈 하나도 상하지 아니함	요 19 : 33,36
슥 12 : 10	창에 찔리심	요 19 : 34,37
사 53 : 9	부자와 함께 묻히심	마 27 : 57~60
시 16 : 10	그의 살이 썩지 아니함	행 2 : 31,32
시 16 : 10	그의 부활	눅 24 : 6,31,34
사 68 : 18	그의 승천	행 1 : 9~11
사 45 : 6,7	그의 의로운 통치	요 5 : 30

3. 죄인을 찾으러 오신 예수님

세상의 모든 종교는 사람들에게 선행(善行)을 가르칩니다.

착한 일하고 선을 많이 쌓으면 복(福)을 받고 극락에 간다고 말들 하지요.

그러나 성경은 선행도 가르치지만 다른 한편으론 인간에게 진정한 의미의 선을 행할 능력이 없음을 지적하고 있습니다.

하나님께서는 「선을 행하는 자는 없나니 하나도 없도다」(롬3:10~12)라고 말씀해 주고 계십니다.

「사람이 죄만 짓느냐, 선한 일도 하지 않느냐」라고 반문합니다.

그러나 믿지 않는 사람들은 말하기를

말도 안 돼~!

왜 선을 행하는 사람이 없어~!

물론 세상에는 선한 일을 하는 사람들도 많이 있는 것이 사실입니다.
그러나 문제는 사람들이 보기에는 선이지만 하나님이 보실 때는 선이 아니라는 점입니다.
뜻글자인 한자를 살펴보아도 사람 인(人)자 옆에 할 위(爲)자를 쓰면 거짓 위(僞)자가 됩니다.
결국 사람이 행하는 선은 위선(僞善), 즉 거짓 선이라는 것이지요.
선은 선인데 죄(罪)가 덧씌워진 선이라는 것입니다.

의인(義人)이란 뜻은 선(善)만을 행하는 사람을 가리키는 말입니다.

그러나 사람은 선을 행하기도 하지만 죄도 지으며 살아갑니다.

사랑도 하지만 미워도 하고,

남을 돕기도 하지만 해치기도 하지요.

바로 사람이 행하는 선은 겉치레이고

이 원수~!

선을 꾸미는 것이며 위선이고 가식(假飾)인 경우가 대부분입니다.

전도서 7장 20절
"선을 행하고 전혀 죄를 범하지 아니하는 의인은 세상에 없기 때문이로다"

로마서 3장 10~12절

"기록된 바 의인은 없나니 하나도 없으며…
선을 행하는 자는 없나니 하나도 없도다"

의인도, 선을 행하는 자도 없다는 말씀은 결국 하나님 보시기에 완전한 선,

곧 하나님의 표준에 도달할 수 있는 선을 행하는 의인이 없다는 뜻의 말씀이지요.

이사야 64장 6절

"무릇 우리는 다 부정한 자 같아서 우리의 의는 다 더러운 옷 같으며 우리는 다 잎사귀 같이 시들므로 우리의 죄악이 바람 같이 우리를 몰아가나이다"

사람들은 자신이 하나님 앞에 얼마나 무서운 죄인인가를 잘 인식하지 못한 채 살아갑니다.

남들보다야 내가 좀 착한 편이 아니겠어~

나두~

심지어 성경은 「죄가 나의 머리털보다 많다」(시40:12)라고 지적해 주고 있습니다.

머리털 만큼이나~?

그럼 난 죄 없네~!

결국 인간의 허다한 죄가 하나님과 사람 사이를 가로 막고 있는 것입니다.

이사야 59장 2절
"오직 너희 죄악이 너희와 너희 하나님 사이를 갈라 놓았고 너희 죄가 그의 얼굴을 가리어서 너희에게서 듣지 않으시게 함이니라"

우리는 먼저 나 자신이 죄인이라는 사실을 깨닫는 것이 너무도 중요합니다.

왜냐하면 내가 죄인이라는 사실을 인정하지 못하면 그리스도를 영접할 수도,

죄 사함을 받을 수도, 구원(救援)에 이를 수도 없기 때문입니다.

로마서 6장 23절
"죄의 삯은 사망이요 하나님의 은사는 그리스도 예수 우리 주 안에 있는 영생이니라"

우리 모두는 죄라는 중병에 걸려 있는 환자들입니다.

이 병을 치유할 수 없다면 결국 우리는 이 죄로 인해서

영원한 지옥의 형벌을 받을 수밖에 없겠지요.

그러기에 우리는 이 죄라는 암 덩어리를 치료해 줄 분을 반드시 찾아야 하고 만나야 하는 것입니다.

요한복음 5장 24절
"내 말을 듣고 또 나 보내신 이를 믿는 자는 영생을 얻었고 심판에 이르지 아니하나니 사망에서 생명으로 옮겼느니라"

당신은 의인입니까? 아니면 죄인입니까?

예수님은 의인을 부르러 오신 것이 아니라 죄인을 불러 회개시키러 오신 분입니다.

"내가 의인을 부르러 온 것이 아니요 죄인을 불러 회개시키러 왔노라"
(누가복음 5장 32절)

그러나 당신이 만약 의인이 아닌 죄인이라면 반드시 그리스도를 믿고 영접해야 합니다.
오직 그리스도의 보혈(補血)만이
당신의 죄를 사(赦)해 줄 수 있는 유일한 길이기 때문입니다.

"우리는 그리스도 안에서 그의 은혜의 풍성함을 따라 그의 피로 말미암아
 속량 곧 죄 사함을 받았느니라" (에베소서 1장 7절)

십자가의 고통과 죽음은 그리스도가 아닌 죄인 된 우리가 받아야 할 당연한 몫이고
형벌이라는 사실을 우리는 기억해야 합니다. 죄인 된 우리를 대신해
자신의 생명까지도 기꺼이 내어주신 예수님의 그 거룩하신 희생과 사랑을
결코 잊지 않는 우리 모두가 되어야 하겠습니다.

요한복음 1장 12~13절
"영접하는 자 곧 그 이름을 믿는 자들에게는 하나님의 자녀가 되는
권세를 주셨으니 이는 혈통으로나 육정(肉情)으로나 사람의
뜻으로 나지 아니하고 오직 하나님께로부터 난 자들이니라"

4. 세상 죄를 지고 가는 하나님의 어린양

일반 종교는 인간이 신을 위해 희생제물을 드리지만

성경에 나타난 하나님께서는 그와 정반대로

죄인 된 우리를 구원하시려 자신의 생명까지도 대속제물(代贖祭物)로 내어주십니다.

마가복음 10장 45절
"인자가 온 것은 섬김을 받으려 함이 아니라 도리어 섬기려 하고 자기 목숨을 많은 사람의 대속물로 주려 함이니라"

당신은 의인(義人)도 아닌 죄인(罪人)을 위해서 자신의 생명(生命)까지 내어준 신(神)을 본 적이 있습니까?

봤냐~?
못 봤지~!
세상에 그런 신도 다 있나~?

인류 역사가 시작된 이래 오직 한 분 외에는 없다는 사실입니다.

그분이 곧 길이요, 진리요, 생명이 되시는 「예수 그리스도」이십니다.(요14:6)

그러기에 세례 요한은 예수님을 가리켜 「보라 세상 죄를 지고 가는 하나님의 어린양이로다」(요1:29)라고 증거해 주고 있는 것입니다.

예수님이야말로 성경에 기록된 예언을 따라

인류 인생들을 구원하시려 이 세상에 육신으로 임하신 참 하나님이시며

우리 영혼의 주인이시며, 구원자가 되시며,

우리에게 복음을 가르치시는 선생님이 되시고,

우리를 천국 길로 이끄시는 사랑의 안내자가 되십니다.

● 요한일서 4장 2~3절

"하나님의 영을 알지니 곧 예수 그리스도께서 육체로 오신 것을 시인하는 영마다 하나님께 속한 것이요 예수를 시인하지 아니하는 영마다 하나님께 속한 것이 아니니 이것이 곧 적그리스도의 영이니라"

만약 하나님께서 우리에게 성경을 주시지 않았다면,

만약 하나님께서 육신의 몸으로 이 땅 가운데 오시지 않았다면,

모든 것을 가르쳐 주시고 본을 보여 주시지 않았다면

우리는 결코 하나님이 계시다는 사실도

영혼이 있다는 사실도, 천국과 지옥이 있다는 사실도,

구원을 받아 영생할 수 있다는 사실도 전혀 알 수 없었을 것입니다.

이런 인생들을 불쌍히 여기신 하나님께서는 죄인 된 우리를 구원하시려

스스로 육체의 장막을 쓰시고 친히 죄인들을 찾아서 이 땅까지 오신 것이지요.

디모데전서 1장 15절(상반절)
"미쁘다 모든 사람이 받을 만한 이 말이여 그리스도 예수께서 죄인을 구원하시려고 세상에 임하셨다 하였도다"

구름이 빛을 가리듯 빛이신 하나님께서 모든 신성을 육신 속에 가리우신 채 자신을 스스로 낮춰 이 땅 가운데 오셔서

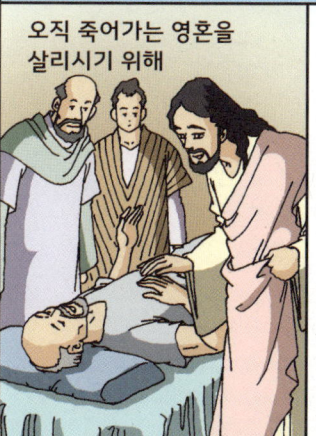
오직 죽어가는 영혼을 살리시기 위해

머리 둘 곳 없이

잠도, 쉼도 얻지 못하신 채 복음을 전파하시며

젊음도, 생명까지도 모두 바쳐 죽기까지 하나님의 뜻에 순종하셨습니다.

빌립보서 2장 6~8절
"그(그리스도)는 근본 하나님의 본체시나 하나님과 동등됨을 취할 것으로 여기지 아니하시고 오히려 자기를 비워 종의 형체를 가지사 사람들과 같이 되셨고 사람의 모양으로 나타나사 자기를 낮추시고 죽기까지 복종하셨으니 곧 십자가에 죽으심이라"

죄가 없으신 예수님(요일3:5)께서 우리의 죄를 대신 지시고 골고다의 그 험한 길을 친히 오르신 것이지요.

"그가 곤욕을 당하여 괴로울 때에도 그의 입을 열지 아니하였음이여 마치 도수장으로 끌려 가는 어린 양과 털 깎는 자 앞에서 잠잠한 양 같이 그의 입을 열지 아니하였도다" (이사야 53장 7절)

우리 죄를 대신해 유월절(Passover, 逾越節)의 희생양이 되셔서 십자가에 못 박혀 피 한 방울 물 한 방울까지 다 쏟으시고 죽으신 것입니다.
이것이 바로 우리들을 향하신 하나님의 놀라우신 사랑입니다.

"우리가 아직 죄인 되었을 때에 그리스도께서 우리를 위하여 죽으심으로 하나님께서 우리에 대한 자기의 사랑을 확증하셨느니라" (로마서 5장 8절)

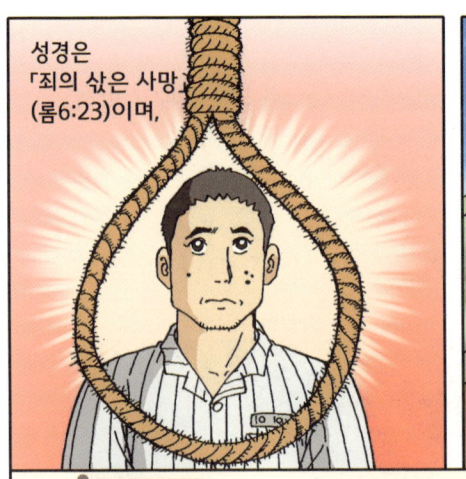

성경은 「죄의 삯은 사망」(롬6:23)이며,

「피 흘림이 없은즉 사함이 없느니라」(히9:22)라고 알려주고 있습니다.

레위기 17장 11절
"육체의 생명은 피에 있음이라 … 생명이 피에 있으므로 피가 죄를 속하느니라"

그리스도께서 살이 찢기시고 피를 흘리시는 참혹한 고통을 참으셔야 했던 이유가 바로 여기에 있습니다.

그리스도의 피를 힘입지 않고는 결코 우리 스스로 죄를 없이 할 수도,

지옥의 형벌을 피할 수도 없기 때문입니다.

요한복음 3장 36절
"아들을 믿는 자에게는 영생이 있고 아들을 순종하지 아니하는 자는 영생을 보지 못하고 도리어 하나님의 진노가 그 위에 머물러 있느니라"

이제 우리는 인류 인생들의 모든 죄를 대신 지시고
십자가에 못 박혀 돌아가신 그리스도의 크신 사랑을 깨달아야 합니다.
오직 그리스도만이 우리의 구원자이시며, 우리 죄를 대속(代贖)하시려
이 땅 가운데 육체로 임하신 참 하나님이심을 믿고 인정하는 가운데
그분이 걸어가신 길을 우리 또한 온 힘을 다해 따르는 자가 되어야 하겠습니다.

| 에베소서 12장 8절 | "너희는 그 은혜에 의하여 믿음으로 말미암아 구원을 받았으니 이것은 너희에게서 난 것이 아니요 하나님의 선물이라" |

5. 부활하신 예수님

인류사에 가장 놀랍고도 경이로운 사건이 있다면 그것은 곧 예수 그리스도의 부활이지요.

예수님은 죽은 지 사흘 만에 다시 살아나셔서 그분을 믿고 따르는 모든 사람들에게 부활(Resurrection, 復活)의 산 소망을 주셨습니다.

로마서 4장 25절
"예수는 우리가 범죄한 것 때문에 내줌이 되고 또한 우리를 의롭다 하시기 위하여 살아나셨느니라"

그러나 사람들은 이 같은 부활의 사실을 좀처럼 믿으려 하지 않습니다.

도리어 「죽은 사람이 어떻게 다시 살아나느냐?」라고 비웃듯이 말들 하지요.

"당연하징~"
"난 못 봤으니깐~!"

마치 사람들이 그럴듯하게 꾸며 만든 이야기 정도로 생각합니다.

하지만 그것은 성경도, 하나님의 크신 능력도 알지 못하기에 크게 오해한 것입니다.

마태복음 22장 29절
"너희가 성경도, 하나님의 능력도 알지 못하는고로 오해하였도다"

인간이 지닌 보잘것없는 능력을 창조주의 능력과 비교해서 생각해서는 절대 안 되는 것이지요.

그것은 마치 어린아이가 작은 구슬하나를 가지고 태양이나 지구에 견주어 보려는 것과도 같은 것입니다.

욥기 11장 7~9절
"네가 하나님의 오묘함을 어찌 능히 측량하며 전능자를 어찌 능히 완전히 알겠느냐 하늘보다 높으시니 네가 무엇을 하겠으며 스올보다 깊으시니 네가 어찌 알겠느냐 그의 크심은 땅보다 길고 바다보다 넓으니라"

예수 그리스도는 이 땅에서의 모든 행위, 말씀, 됨됨이에 있어서 절대적으로 우월하셨습니다.

그분은 보리떡 다섯 개와 물고기 두 마리를 가지고 오천 명을 배불리 먹이신 분입니다.
(마14:15~21, 막6:31~44, 눅9:12~17, 요6:4~14)

물로 포도주를 만드셨고(요2:1~11)

누가복음 22장 34절

"베드로야 내가 네게 말하노니 오늘 닭 울기 전에 네가 세 번 나를 모른다고 부인하리라 하시니라"

죽음을 두려워하지 않고 담대하게 그리스도의 복음을 전파한 것이지요.

사도행전 1장 8절

"오직 성령이 너희에게 임하시면 너희가 권능을 받고 예루살렘과 온 유대와 사마리아와 땅 끝까지 이르러 내 증인이 되리라 하시니라"

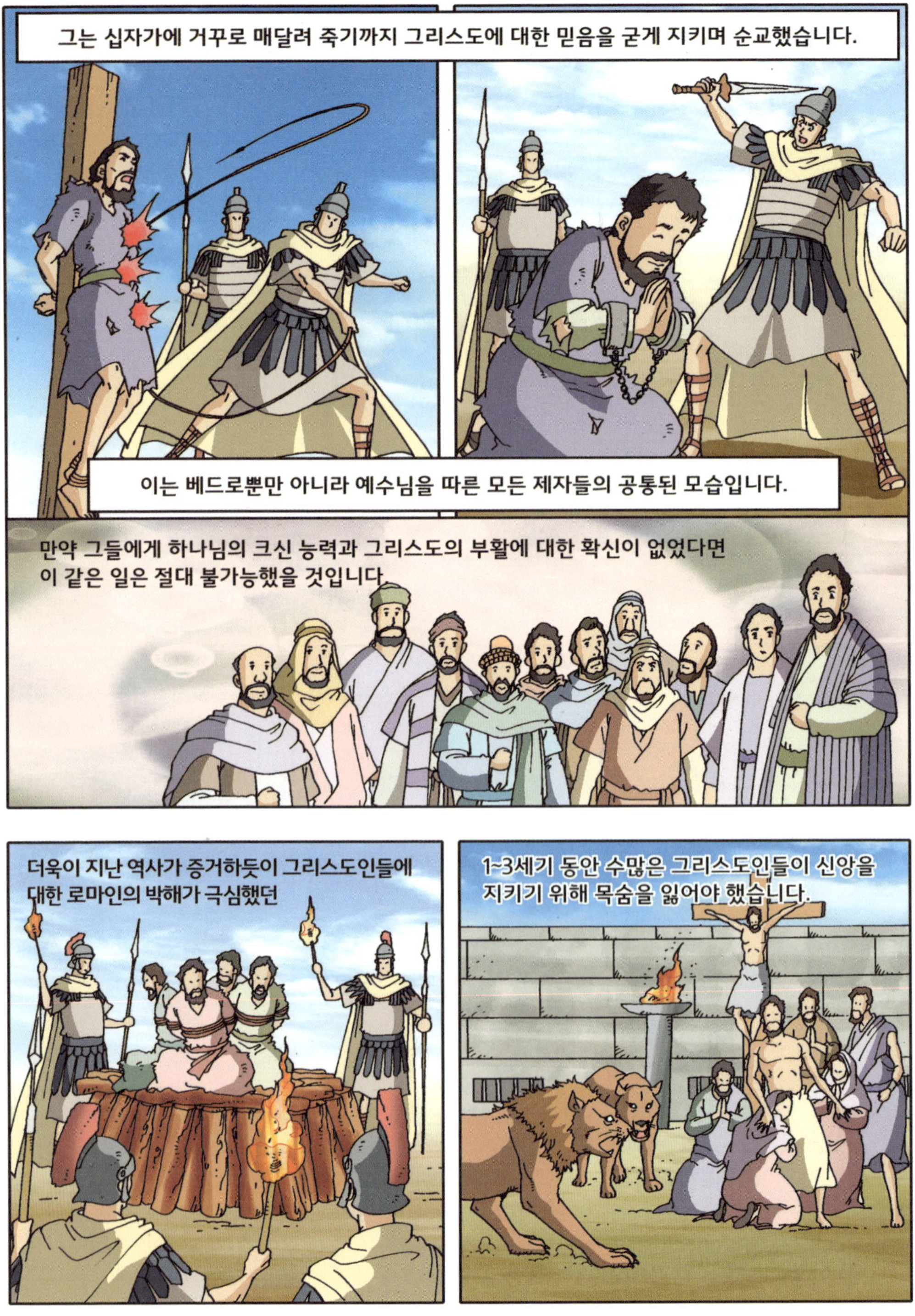

그는 십자가에 거꾸로 매달려 죽기까지 그리스도에 대한 믿음을 굳게 지키며 순교했습니다.

이는 베드로뿐만 아니라 예수님을 따른 모든 제자들의 공통된 모습입니다.

만약 그들에게 하나님의 크신 능력과 그리스도의 부활에 대한 확신이 없었다면 이 같은 일은 절대 불가능했을 것입니다.

더욱이 지난 역사가 증거하듯이 그리스도인들에 대한 로마인의 박해가 극심했던

1~3세기 동안 수많은 그리스도인들이 신앙을 지키기 위해 목숨을 잃어야 했습니다.

지금도 로마를 가면 그리스도인들이 로마의 박해를 피해 숨어 살았던 「카타콤베」라는 지하묘지 약 50군데에서 무려 500만기(基) 이상의 무덤이 발견되었다고 합니다. 과연 그들은 무엇 때문에 그 음침하고 습한 지하묘지에서 목숨까지 내놓고 대를 이어 살아가면서 믿음을 지켰을까?

그것은 바로 그들 자신이 여러 경로와 갖가지 경험을 통해 분명한 부활의 확신을 갖고 있었기에 죽기까지 그 믿음을 굳게 지킬 수 있었던 것이지요.

▲ 이탈리아 로마에 있는 카타콤베

고린도전서 15장 14~15절
"그리스도께서 만일 다시 살아나지 못하셨으면 우리가 전파하는 것도 헛것이요 또 너희 믿음도 헛것이며 또 우리가 하나님의 거짓 증인으로 발견되리니 우리가 하나님이 그리스도를 다시 살리셨다고 증언하였음이라"

하나님께서는 자신의 존재하심과 부활의 사실까지도 이미 성경을 통해서 그리고 만물의 이치와 조화를 통해서도 인생들이 분명히 깨달아 알 수 있도록 자세히 드러내 보여주셨지요.

그러기에 어느 누구도 결코 핑계할 수가 없는 것입니다.

로마서 1장 20절
"창세로부터 그의 보이지 아니하는 것들 곧 그의 영원하신 능력과 신성이 그가 만드신 만물에 분명히 보여 알려졌나니 그러므로 그들이 핑계하지 못할지니라"

우리는 세상을 살면서 인간의 지혜로는 도저히 이해되지 않는

놀랍고 신비로운 광경을 수없이 목격하면서 살아갑니다.

눈으로 직접 보면서도 믿기지 않는 불가사의한 일들이 너무도 많지요.

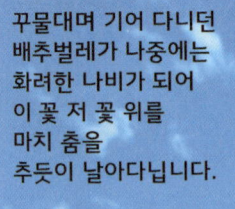

꾸물대며 기어 다니던 배추벌레가 나중에는 화려한 나비가 되어 이 꽃 저 꽃 위를 마치 춤을 추듯이 날아다닙니다.

이 얼마나 놀라운 광경입니까!

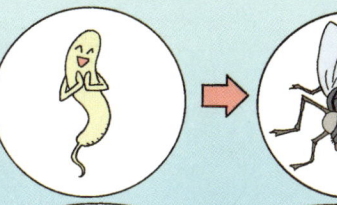

성경에서는 인생들을 가리켜 벌레 또는 구더기(욥25:6)에 비유하고 있습니다.

나는 벌레다~!
나는 구더기다~!
믿음 좋네.

왜 하나님께서는 우리를 벌레와 구더기에 비유하셨을까요…?

이는 곧 배추벌레가 나비가 되고, 구더기가 파리가 되듯이 우리 또한 신령한 몸으로 새롭게 부활한다는 사실을 만물의 이치를 통해서 미리 보여주시는 것이 아니겠습니까?

고린도전서 15장 49절
"우리가 흙에 속한 자의 형상을 입은 것 같이 또한 하늘에 속한 이의 형상을 입으리라"

얼마 전 해외토픽에 다음과 같은 흥미 있는 기사가 실린 적이 있습니다. 이스라엘에서 2,000여 년 전의 종려나무 씨앗을 발견했고 그 씨를 발아시키는데 성공했다는 이야기입니다. 영국의 W.J. 브라이언이라는 사람 역시 이집트를 방문했을 때, 3,000년 된 미라 속에서 완두콩을 발견하고 그 완두콩을 땅에 심었는데 놀랍게도 싹이 나고 열매를 맺었다고 합니다.
100년, 200년도 아닌 수천 년이나 되는 긴 세월이 지났는데도 여전히 생명력이 남아 있었다니 참으로 놀랍고 신비로운 일이 아닐 수 없습니다.
하찮게 보이는 작은 씨앗 하나도 이러한데 어찌 만물(萬物)의 영장(靈長)이라는 인간이 70~80년을 살다가 죽는 것으로 모든 것이 끝이 날 수 있겠습니까?

"만일 그리스도 안에서 우리가 바라는 것이 다만 이 세상의 삶뿐이면 모든 사람 가운데 우리가 더욱 불쌍한 자이리라" (고린도전서 15장 19절)

요한복음 5장 28~29절
"이를 놀랍게 여기지 말라 무덤 속에 있는 자가 다 그의 음성을 들을 때가 오나니 선한 일을 행한 자는 생명의 부활로, 악한 일을 행한 자는 심판의 부활로 나오리라"

우리는 지금 최첨단 시대를 살아가고 있습니다.

과학이 주는 온갖 혜택을 한껏 누리며 살아가고 있지요.

그러나 인간이 자랑하는 과학은 아직도 우주의 끝이 있는지 없는지

지금까지도 풀 한 포기가 어떻게 싹이 나고 열매를 맺는지 그 생명의 신비 또한 설명하지 못합니다. 설명은커녕 하찮은 모기나 파리 한 마리도 생명이 있는 것은 절대 만들지 못하지요. 이것이 바로 인간 능력의 한계이고 과학의 한계이기도 합니다.

"네 하나님 여호와를 사랑하고 그의 말씀을 청종하며 또 그를 의지하라 그는 네 생명이시요" (신명기 30장 20절 상반절)

생명을 주시는 분도,(시30:9)

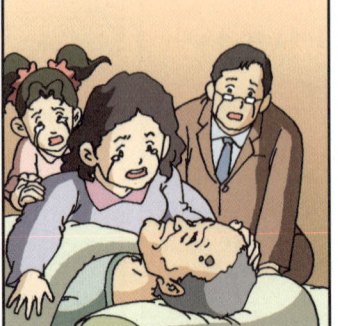
그 생명을 거두어 가시는 분도 하나님이십니다.

죽은 자를 다시 살리시는 것도

오직 하나님의 능력 안에서만 이루어질 수 있는 것이지요.(삼상2:6)

고린도전서 15장 51~52절
"보라 내가 너희에게 비밀을 말하노니 우리가 다 잠 잘 것이 아니요 마지막 나팔에 순식간에 홀연히 다 변화되리니 나팔 소리가 나매 죽은 자들이 썩지 아니할 것으로 다시 살아나고 우리도 변화되리라"

과연 생명을 창조하신 하나님께서 죽은 자를 다시 살리지 못하실까요…?

부활도

영생도

그리고 영원한 천국과

지옥도 반드시 존재한다는 사실을 우리 모두는 꼭 기억해야 하겠습니다.

그 모든 사실을 바로 하나님의 말씀인 성경이 명백하게 증거해 주고 있기 때문입니다.

데살로니가전서 4장 16~17절

"주께서 호령과 천사장의 소리와 하나님의 나팔 소리로 친히 하늘로부터 강림하시리니 그리스도 안에서 죽은 자들이 먼저 일어나고 그 후에 우리 살아 남은 자들도 그들과 함께 구름 속으로 끌어 올려 공중에서 주를 영접하게 하시리니 그리하여 우리가 항상 주와 함께 있으리라"

6. 영원한 속죄, 완전한 구원

예수님께서 십자가에 고난을 받으신 것은 인류 인생들의 죄 값을 대속(代贖)하신 것입니다. 그분께서 사망 권세를 이기시고 부활하신 것은 우리 죄가 다 사해졌다는 사실을 우리로 믿게 하기 위한 증거이기도 하지요. 세금을 내면 그 증거로 영수증을 주듯이, 예수님의 부활은 곧 우리가 그리스도를 믿음으로 말미암아 죄 사함을 받고 구원에 이르게 된다는 확실한 보증인 것입니다.

"그리스도의 사랑이 우리를 강권하시는도다 우리가 생각하건대 한 사람이 모든 사람을 대신하여 죽었은즉 모든 사람이 죽은 것이라" (고린도후서 5장 14절)

성경은 "한 사람으로 말미암아 죄가 세상에 들어오고 죄로 말미암아 사망이 왔나니"(롬5:12)라고 알려주고 있습니다. 여기서 「한 사람」이란 인류의 시조가 되는 첫 사람 아담을 가리켜 하신 말씀입니다. 그런데 성경에서는 「첫 사람 아담」뿐 아니라 「마지막 아담」(고전15:45)도 있다고 증거해 주고 있습니다.

첫 사람 아담이 인류를 대표한 것처럼, 마지막 아담인 그리스도(롬5:14) 또한 모든 인류를 대표한 것이지요. 그러나 첫 사람 아담은 불순종의 죄로 우리를 사망에 이르게 한 대표이지만, 마지막 아담인 그리스도는 우리 죄 값을 대신 치르시고 우리 모두를 생명에 이르게 한 대표가 되시는 분입니다.

"한 사람이 순종하지 아니함으로 많은 사람이 죄인 된 것 같이 한 사람이 순종하심으로 많은 사람이 의인이 되리라" (로마서 5장 19절)

우리 모두는 하나님 앞에 죄인들입니다. 그런 죄인들을 살리시려 우리 죄를 대신해 예수님께서 친히 대속제물의 희생양이 되셨습니다.

"우리의 유월절 양 곧 그리스도께서 희생되셨느니라" (고린도전서 5장 7절)

예수님은 십자가를 지시고 사형장으로 끌려가면서도 「나는 억울하다」, 「왜 죄 없는 나를 죽이려 하느냐」라고 절대 말씀하지 않으셨습니다. 도리어 "이(목숨)를 내게서 빼앗는 자가 있는 것이 아니라 내가 스스로 버리노라"(요10:18)고 말씀하셨습니다. 결국 예수님은 우리 죄를 대신해 스스로 자원해서 죽음을 맞이하신 것입니다. 나 같은 죄인을 대신해 그 모진 십자가의 형벌을 받으신 것이지요. 이것이 바로 우리들을 향하신 그리스도의 놀라운 사랑입니다.

"인자가 온 것은 섬김을 받으려 함이 아니라 도리어 섬기려 하고 자기 목숨을 많은 사람의 대속물로 주려 함이니라" (마가복음 10장 45절)

예수 그리스도는 하나님의 실체가 되시는 거룩하신 분입니다. 그분은 죄가 전혀 없으신 분이지요. 그런 분의 죽음이, 그 피가 과연 우리 죄를 깨끗하게 할 수 없을까요?

"하나님께서 깨끗하게 하신 것을 네가 속되다 하지 말라 하더라" (사도행전 10장 15절)

예수 그리스도의 죽음은 시간을 초월해 인류 역사의 시작부터 끝까지 그 효력이 미치는 「영원한 속죄」(eternal redemption)를 이루신 것입니다. 하나님께 드리신 예수님의 「영원한 제사」(히10:12)는 우리를 영원히 온전케(히10:14) 하는데 전혀 부족함이 없지요. 그분은 짐승의 피가 아닌 흠도 점도 없는 어린양 되신 그리스도의 보배로운 피로 영원(永遠)한 속죄(贖罪)를 이루시고 단번에 하늘 성소에 들어가신 것입니다.

"그리스도께서는 … 염소와 송아지의 피로 하지 아니하고 오직 자기의 피로
영원한 속죄를 이루사 단번에 성소에 들어가셨느니라" (히브리서 9장 11~12절)

유월절의 희생양이 되신 그리스도의 거룩한 피는 우리가 죄 사함을 받고 구원에 이를 수 있는 유일한 길입니다. 「영원한 속죄를 이루사」라는 하나님의 말씀은 과거에도, 현재에도, 미래에도 영원히 변치 않습니다. 그분께서는 「죄를 정결케 하는 일을 하시고」 부활 승천하셔서 높은 곳에 계신 지극히 크신 이(The Majesty)의 우편에 앉으셨습니다.

"이는 하나님의 영광의 광채시요 그 본체의 형상이시라 그의 능력의 말씀으로
만물을 붙드시며 죄를 정결하게 하는 일을 하시고 높은 곳에 계신 지극히 크신 이의
우편에 앉으셨느니라" (히브리서 1장 3절)

　우리가 구원을 받고, 받지 못하고는 예수님께서 이루어 놓으신 이 분명한 사실들을 당신께서 「믿느냐」 아니면 「믿지 않느냐」에 달려 있습니다. 구원은 죄로 인해 멸망 받을 수밖에 없는 인류 인생들을 위해서 하나님께서 베푸시는 한없는 사랑이고 선물입니다. 선물이란 받았을 때 내 것이 되는 것입니다. 감사한 마음으로 받으면 되는 것이지요.

　　　"너희는 그 은혜에 의하여 믿음으로 말미암아 구원을 받았으니 이것은 너희에게서
　　　난 것이 아니요 하나님의 선물이라 행위에서 난 것이 아니니 이는 누구든지 자랑하지
　　　못하게 함이라" (에베소서 2장 8~9절)

하나님의 놀라운 은혜와 영생의 축복은 이미 당신 곁에 가까이 다가와 있습니다. 당신을 향하신 하나님의 그 크신 사랑을 더 이상 외면하는 자가 되시지 않기를 바랍니다. 이제 당신께서도 값없이, 공로 없이 거저 주시는 이 놀라운 구원의 선물을 기쁜 마음으로 받아 누릴 수 있는 축복된 하나님의 자녀가 될 수 있기를 간절한 마음으로 기도합니다.

　　　"내가 네 허물을 빽빽한 구름 같이, 네 죄를 안개 같이 없이하였으니
　　　너는 내게로 돌아오라 내가 너를 구속(救贖)하였음이니라" (이사야 44장 22절)

7. 참사랑이란 무엇인가?

사랑은 신이 인간에게 준 최고의 선물입니다.

물이 우리 몸의 주성분을 이루고 있듯이 사랑 또한 인간존재의 주성분을 이루고 있지요.

만약 인간에게서 사랑을 모두 제거해 버린다면

우리의 인생은 마치 물 없는 사막처럼 황량해질 것이며

아무것도 아닌 생명 없는 무덤처럼 허무해질 것입니다.

인간은 곧 사랑으로 먹고 사는 존재이기 때문입니다.

요한복음 13장 34절
"새 계명을 너희에게 주노니 서로 사랑하라 내가 너희를 사랑한 것 같이 너희도 서로 사랑하라"

하나님의 형상대로 지음 받은 우리 영혼은 진정 천하보다 귀합니다.

남이야 지옥을 가건 말건 나만 구원받아 천국에 가면 된다고 말하는 것과도 같기 때문입니다.

디모데후서 4장 2절(상반절)
"너는 말씀을 전파하라 때를 얻든지 못 얻든지 항상 힘쓰라"

주께서 원하시는 진정한 참사랑은 죽어가는 영혼을 살리는 것입니다.
깊이 잠든 영혼을 깨우는 것입니다. 바로 그리스도의 복음을 전하는 것이지요.
이보다 더 큰 사랑은 없습니다.

이것이야말로 진정 하나님께서 기뻐하시고 바라시는 하나님의 뜻이며
부활하신 주님의 지상명령(至上命令)인 것입니다.

마태복음 28장 19~20절
"그러므로 너희는 가서 모든 민족을 제자로 삼아
아버지와 아들과 성령의 이름으로 세례(침례)를 베풀고
내가 너희에게 분부한 모든 것을 가르쳐 지키게 하라"

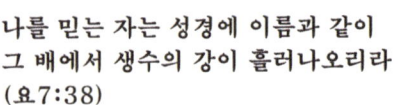

"주 예수의 은혜가 모든 자들에게 있을지어다 아멘"(계22:21)

히브리서 9장 27~28절
"한 번 죽는 것은 사람에게 정해진 것이요 그 후에는 심판이 있으리니 이와 같이 그리스도도 많은 사람의 죄를 담당하시려고 단번에 드리신 바 되셨고 구원에 이르게 하기 위하여 죄와 상관없이 자기를 바라는 자들에게 두 번째 나타나시리라"

맺는 글

귀한 만남
예수 그리스도

인생이란 만남의 연속이기도 합니다. 어찌 보면 사람의 운명은 내가 만난 모든 사람의 영향을 압축해 놓은 것이라 해도 과언이 아닐 것 같습니다. 내가 누구를 만났 는가에 따라 현재뿐 아니라 다가올 미래의 운명에도 큰 영향을 미치게 되지요.

부모를 잘 만난 사람은 앞길이 여유롭고 순탄한 반면, 그렇지 못한 사람은 훨씬 어렵고 힘겨운 삶을 살아갑니다. 스승을 잘 만난 사람은 그 학문이나 재주를 크게 인정받아 후대에까지 그 이름을 길이 남기는 경우가 있고, 친구를 잘 만난 사람은 한순간에 인생이 바뀌고 운명이 바뀌는 경우가 있습니다. 또한 배우자를 잘 만나 단란한 가정을 꾸리고 행복한 삶을 살아가는 부부가 있는가 하면, 어떤 부부는 허구한 날을 옥신각신 다투며 일생을 불화 속에서 살아가기도 합니다.

이렇듯이 만남이란 참으로 중요한 것 같습니다. 그러나 사람과 사람 사이의 만남보다 더 중요한 만남이 있습니다. 그것은 바로 신앙의 만남입니다. 사람과의 만남은 일시적 이고 그 영향이 짧은 인생에 한정되어 있지만, 신앙은 그 영향력이 현세뿐 아니라 사후에 까지 미쳐 운명을 좌우하기 때문입니다. 그러기에 올바른 종교의 선택은 매우 중요 합니다. 아무리 강조해도 부족함이 없습니다. 종교란, 우리 영혼을 담보로 하기 때문입니다.

　　"사랑하는 자여 네 영혼이 잘됨같이 네가 범사에 잘되고 강건하기를
　　　내가 간구하노라" (요한삼서 1장 2절)

우리가 이 땅에 태어나 일생을 고통과 슬픔 속에서 힘겨워하며 나그네 삶을 살아가는 이유는 바로 우리 모두가 죄인이기 때문입니다. 우리는 육신의 옷을 입고 살아가는 동안 반드시 이 죄에 대한 문제를 해결하지 않으면 안 됩니다. 반드시 죄 사함을 받고 구원을 받아야 합니다. 그것이 곧 우리가 이 땅에서 살아가는 존재 이유이고 목적이기 때문입니다.

"보라 지금은 은혜 받을 만한 때요 보라 지금은 구원의 날이로다"
(고린도후서 6장 2절, 하반절)

그러기에 우리는 예수 그리스도를 만나야 하고, 그분을 알아야 하고, 반드시 그분을 믿고 영접해야 합니다. 그분의 말씀은 우리를 구원의 길로, 영생의 길로 인도하는 진리요, 생명의 말씀이기 때문입니다.

"예수께서 이르시되 내가 곧 길이요 진리요 생명이니 나로 말미암지 않고는 아버지께로 올 자가 없느니라" (요한복음 14장 6절)

역사가 시작된 이래 예수 그리스도만큼 인류에 절대적 영향력을 끼친 분은 없습니다. 예수 그리스도는 역사를 기원 전후로 나누셨고 종교를 비롯해 정치, 사회, 문화, 예술, 그 어느 한 부분도 영향을 끼치지 않으신 것이 없습니다. 이제 우리는 예수 그리스도의 삶과 가르침이 나와 어떤 관계이며 내 운명과 어떤 관계가 있는지를 알아야 합니다. 그 길만이 죄 사함을 받고 구원에 이를 수 있는 단 하나의 유일한 길이고 통로이기 때문입니다. 지금껏 사람들이 그리스도를 만나 삶의 목표와 방향이 바뀐 예는 수없이 많습니다. 그분은 지금 이 순간에도 모든 사람들을 놀랍게 변화시키고 계십니다.

"그런즉 누구든지 그리스도 안에 있으면 새로운 피조물이라 이전 것은 지나갔으니 보라 새 것이 되었도다" (고린도후서 5장 17절)

온갖 재난과 테러, 전쟁의 공포, 경제적 불안정 등 단 하루도 편할 날 없는 이 세상에 평화의 왕으로 오신 그리스도께서는 오늘도 그분을 찾는 모든 사람들에게 다함 없는 사랑으로 죄 사함과 구원의 축복을 내려주십니다. 죄인된 인생들에게 값없이, 조건 없이 베풀어 주시는 이 놀라운 구원의 선물이야말로 오직 하나님의 실체가 되시며 참 형상이신 그리스도만이 주실 수 있는 가장 값지고 경이로운 선물입니다.

"너희는 그 은혜에 의하여 믿음으로 말미암아 구원을 받았으니
이것은 너희에게서 난 것이 아니요 하나님의 선물이라
행위에서 난 것이 아니니 이는 누구든지 자랑하지 못하게 함이라"
(에베소서 2장 8~9절)

이제 당신의 모든 무거운 짐과 고통을 예수님께 맡기십시오. 당신의 삶 속에 지금껏 느껴보지 못한 진정한 평안과 행복을 체험하게 될 것입니다. 주님께서 폭포수와 같이 넘치는 축복을 한없이 부어 주시리라 확신합니다. 당신이 하루 속히 그분을 만나 삶의 새로운 의미와 행복을 찾기를 간절한 마음으로 기도합니다.

"수고하고 무거운 짐진 자들아 다 내게로 오라 내가 너희를 쉬게 하리라"
(마태복음 11장 28절)

아 멘

베드로후서 3장 9~13절

"주의 약속은 어떤 이들이 더디다고 생각하는 것 같이 더딘 것이 아니라 오직 주께서는 너희를 대하여 오래 참으사 아무도 멸망하지 아니하고 다 회개하기에 이르기를 원하시느니라 그러나 주의 날이 도둑 같이 오리니 그 날에는 하늘이 큰 소리로 떠나가고 물질이 뜨거운 불에 풀어지고 땅과 그 중에 있는 모든 일이 드러나리로다 이 모든 것이 이렇게 풀어지리니 너희가 어떠한 사람이 되어야 마땅하냐 거룩한 행실과 경건함으로 하나님의 날이 임하기를 바라보고 간절히 사모하라 그 날에 하늘이 불에 타서 풀어지고 물질이 뜨거운 불에 녹아지려니와 우리는 그의 약속대로 의가 있는 곳인 새 하늘과 새 땅을 바라보도다."

요한계시록 22장 16~19절

"나 예수는 교회들을 위하여 내 사자를 보내어 이것들을 너희에게 증언하게 하였노라 나는 다윗의 뿌리요 자손이니 곧 광명한 새벽 별이라 하시더라 성령과 신부가 말씀하시기를 오라 하시는도다 듣는 자도 오라 할 것이요 목마른 자도 올 것이요 또 원하는 자는 값없이 생명수를 받으라 하시더라 내가 이 두루마리의 예언의 말씀을 듣는 모든 사람에게 증언하노니 만일 누구든지 이것들 외에 더하면 하나님이 이 두루마리에 기록된 재앙들을 그에게 더하실 것이요 만일 누구든지 이 두루마리의 예언의 말씀에서 제하여 버리면 하나님이 이 두루마리에 기록된 생명나무와 및 거룩한 성에 참여함을 제하여 버리시리라."

만화로 만나는 복음 이야기
확실한 증거

초판인쇄 • 2020년 3월 20일
초판발행 • 2020년 3월 25일

글 그림 • 하지혜
발행처 • 비홀드
등   록 • 2019년 8월 2일 제409-2019-000037호
이메일 • beholdbook@gmail.com

ISBN 979-11-967985-1-2

값 12,000원

▫ 이 출판물은 저작권법에 의해 보호를 받는 저작물이므로 무단 전재와
  무단 복제를 할 수 없습니다.

이 도서의 국립중앙도서관 출판예정도서목록(CIP)은 서지정보유통지원시스템 홈페이지(http://seoji.nl.go.kr)와 국가
자료종합목록 구축시스템(http://kolis-net.nl.go.kr)에서 이용하실 수 있습니다. (CIP제어번호: CIP2020011110)